TRAITÉ
DES IMMATRICULES,
OU
INSTRUCTIONS GÉNÉRALES

Sur les formalités qu'il faut observer, dans tous les cas, pour recevoir les Rentes & les Pensions Royales, les Décomptes des Pensions, & même ceux des Rentes, lorsqu'elles sont viageres.

POUR servir de Supplément au Manuel des Rentes.

Par M. DE MASSAC, Ecuyer, Receveur des Rentes.

A PARIS,
Chez l'Auteur, rue des Noyers, au coin de celle Saint Jean de Beauvais.

M. DCC. LXXIX.

Avec Approbation & Privilége du Roi.

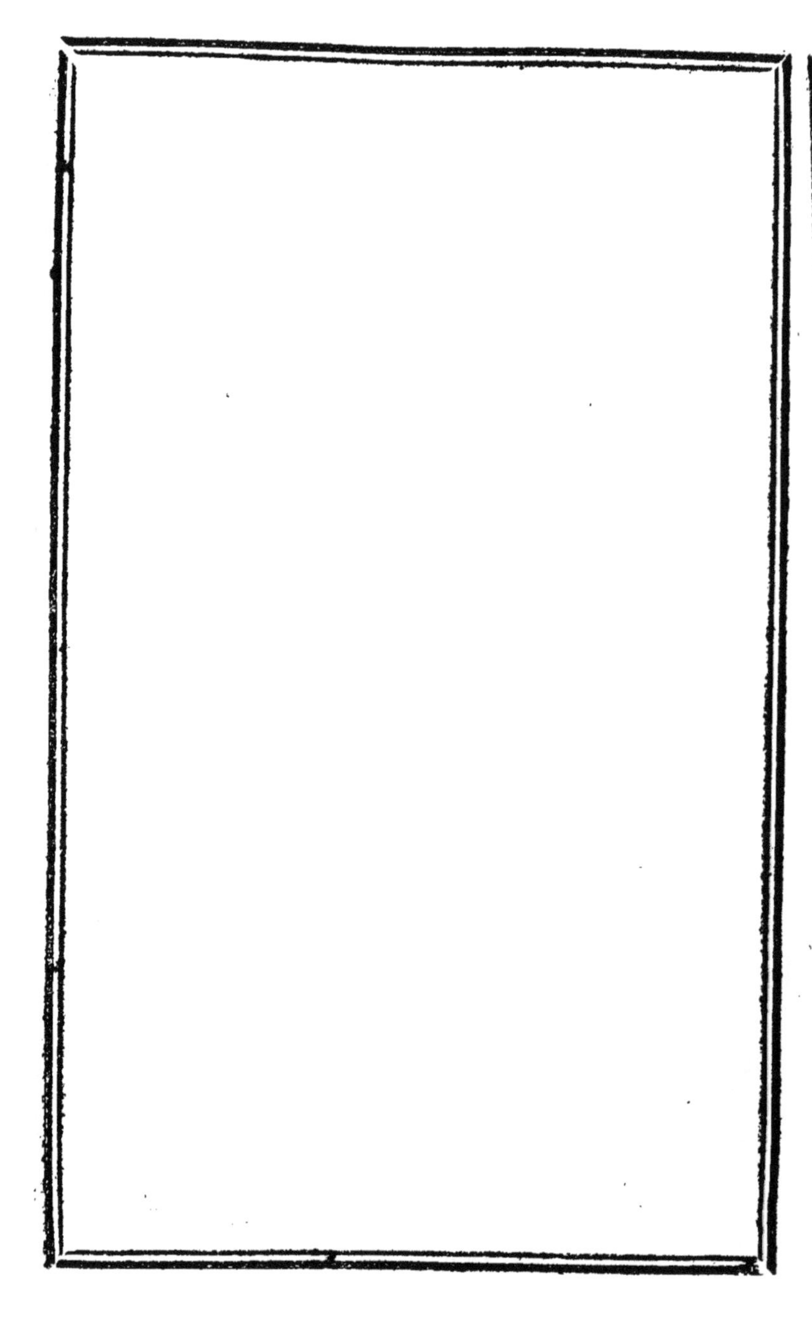

AVERTISSEMENT.

LES Inſtructions que nous avons données dans le Manuel des Rentes (1), ſur les formalités qu'il faut obſerver pour ſe faire immatriculer, nous ayant paru trop ſuccinctes, & par conſéquent inſuffiſantes; nous nous ſommes déterminés d'autant plus volontiers à communiquer au Public, ce que l'expérience nous a appris ſur cette matiere, que c'eſt principalement à la confiance qu'il nous a témoignée, que nous devons les connoiſſances que nous avons acquiſes dans le contentieux de cette partie de la Finance, qui intéreſſe un ſi grand nombre de

(1) Ouvrage *in*-8°. de 150 pages, 1777. Prix 3 liv. broché. Chez Prault pere, Imprimeur & Libraire, quai de Gêvres, à Paris. Avec permiſſion & Privilége du Roi.

Avertissement.

Citoyens. C'eſt donc dans les vues de lui être plus particulierement utile, & de lui témoigner notre reconnoiſſance, & la continuité de notre zele, que nous nous ſommes occupés de la rédaction de cet Ouvrage, dans lequel nous oſons nous flatter que les Communautés Eccléſiaſtiques & Laïques, ou autres gens de main-morte qui poſſédent des Rentes ſur le Roi, tous les Rentiers, les Penſionnaires, leurs héritiers, les Gens d'affaires, & ſur-tout les Notaires & autres perſonnes publiques des Provinces, trouveront des détails ſuffiſans, pour les guider d'une maniere poſitive, dans toutes les difficultés qu'ils auront à réſoudre. Les uns & les autres pourront donc ſe diſpenſer à l'avenir d'entrer dans des récits, ſouvent immenſes, avec leurs Correſpondans, pour les mettre à portée de leur dire, c'eſt *telles* & *telles* pieces qu'ils faut que vous fourniſſiez; chacun, avec un peu d'attention, verra ce qu'il doit faire, & dès-lors on évitera les frais de paſſation & de port d'une infinité d'actes inutiles ou mal rédigés, il n'y aura plus de tems perdu, les recouvremens ſe feront avec plus d'activité, & les faux frais ſeront infiniment moindres.

Enfin, quoique cet Ouvrage ſoit peu volumineux, nous l'avons néanmoins diviſé en quatre chapitres, pour qu'on puiſſe y trouver au premier coup-d'œil, les inſtructions dont on aura beſoin. Le premier traitera des Rentes perpétuelles; le ſecond des Rentes viageres; le troiſieme de tout ce qui concerne les penſions ſur le Tréſor Royal; & le quatrieme renfermera tous les différens modeles d'Actes qu'on peut être dans le cas de fournir, à la suite desquels on trouvera aussi plusieurs Observations sur la maniere adoptée pour le payement des Rentes, tant à l'Hôtel de Ville, qu'à la Caisse des Amortissemens, & toutes les distributions qui n'ont pas encore paru.

Nota. S'il se présentoit quelque difficulté qui n'eût pas été prévue, on pourra s'adresser à l'Auteur qui se fera un vrai plaisir de donner, *gratuitement*, tous les éclaircissemens qui dépendront de lui, pourvu qu'on ait soin d'affranchir le port des lettres, sur lesquelles on mettra l'adresse suivante: *A M. DE MASSAC, Ecuyer, Receveur des Rentes, rue des Noyers, à Paris;* mais on se dispensera,

Avertissement.

ſi l'on veut, de payer celui des paquets qui pourroient contenir des titres ou autres pieces eſſentielles. A l'égard des perſonnes de Province, qui déſireront ſe procurer cet Ouvrage, elles pourront le demander à l'Auteur, qui le leur fera paſſer par la poſte, franc de port, pour 40 ſols broché. C'eſt pareillement à lui à qui il faut s'adreſſer pour avoir la *ſeconde Edition* du Recueil d'Inſtructions Economiques, par feu Meſſire Pierre-Louis-Raymond DE MASSAC, Ecuyer, de l'Académie des Sciences, Inſcriptions & Belles-Lettres de Toulouſe, & de la Société Royale d'Agriculture de la Généralité de Limoges, ſon frere, décédé en 1770, diviſé en trois cahiers : le premier traite de la qualité & de l'emploi des Engrais, Ouvrage dont la premiere

AVERTISSEMENT.

Edition a remporté le prix de la Société Economique de Berne : le ſecond de la maniere de gouverner les Abeilles dans ſa nouvelle Ruche de Bois : & le troiſieme a pour titre : Principes, Maximes & Réflexions Economiques & Politiques. 1 volume *in*-8°. avec planches & figures.

TRAITÉ DES IMMATRICULES,

OU INSTRUCTIONS GÉNÉRALES

Sur les formalités qu'il faut observer, dans tous les cas, pour recevoir les Rentes & les Pensions Royales, les Décomptes des Pensions, & même ceux des Rentes, lorsqu'elles sont viageres.

CHAPITRE PREMIER.

Des Rentes perpétuelles.

NOUS commençons par supposer qu'un pere de famille, propriétaire de Rentes perpétuelles sur le Roi, soit décédé, & qu'il ait laissé trois enfans majeurs pour ses seuls & uniques héritiers, alors ces trois enfans fourniront, pour se faire immatriculer au lieu & place de leur pere ;

1°. Son extrait mortuaire ;

2°. Un extrait de l'intitulé de l'inventaire fait après son décès, pour justifier du nombre de ses héritiers ; & s'il n'en a point été fait, il faudra y suppléer par le raport d'un acte de Notoriété, conforme au modele, N°. I.

S'il a été fait un inventaire, & que le nombre des enfans n'y ſoit pas parfaitement établi, ce qui arrive ſouvent dans les actes de cette nature paſſés en Province, il eſt toujours néceſſaire d'en rapporter un extrait pour conſtater l'omiſſion, & pour y ſuppléer on y joindra un acte de Notoriété, conforme au modele, N°. II.

Ces pieces feront ſuffiſantes dans la circonſtance propoſée; mais ſi les enfans ne ſont pas à portée de faire eux-mêmes le recouvrement de leurs Rentes, ou qu'ils ne veuillent pas s'en donner la peine, ils y joindront une procuration, conforme aux modeles N°. III ou IV.

Si dans le nombre des trois enfans que nous venons de ſuppoſer, il y avoit une fille qui fût mariée, il feroit indiſpenſable de joindre aux actes que nous avons demandés, une copie de l'acte de Célébration de ſon mariage; & pour lors il faudroit auſſi que ſon mari parût avec elle dans la procuration pour l'autoriſer.

En ſuppoſant que leſdits trois enfans ſoient mineurs, leur tuteur fera la preuve que nous venons de demander, & il rapportera de plus, pour juſtifier de ſa qualité, une expédition de l'acte de tutelle & de ſon acceptation & preſtation de ferment, & s'il ne veut pas recevoir lui-même, il fournira ſa procuration conforme au modele, N°. V.

Mais ſi leſdits trois enfans ſont émancipés, ils

joindront à l'extrait mortuaire, & à celui de l'intitulé de l'inventaire, ou à l'acte de Notoriété qu'il faut fournir à son défaut, une expédition des Lettres d'émancipation par eux obtenues, de l'avis des parens, de l'homologation d'icelui, & de la Sentence portant entérinement desdites Lettres, auxquelles pieces ils joindront leur procuration conforme aux modeles N°. III ou IV, qu'ils pourront valablement consentir, sans y être autorisés par leur curateur aux causes.

Si dans le nombre des trois enfans, il y en avoit un ou deux de mineurs non émancipés, & que le troisieme fût majeur, en ce cas, celui-ci paroîtra dans la procuration avec le tuteur des mineurs, qui justifiera de sa qualité, comme il est dit ci-devant; & s'il y en avoit un qui fût mineur non émancipé, que le second eût obtenu des Lettres d'émancipation, & qu'enfin le troisieme fût majeur, le tuteur & l'émancipé justifieront de leurs qualités, & paroitront dans la procuration avec le majeur.

Dans les pays où, d'après les Coutumes qui les régissent, la tutelle est naturelle, il faut pour suppléer à l'acte de nomination, acceptation & prestation de serment, raporter un certificat d'usage d'un Juge Royal, ou de deux Avocats, conforme au modele, N°. VI.

Lorsque des freres héritent d'un frere, des neveux d'un oncle, &c., la preuve de filiation &

du droit de propriété ſe fait de la même maniere.

Les inſtitutions d'héritier général & univerſel, qui ſont principalement en uſage dans les pays régis par le Droit Ecrit, tranſmettant à un ſeul la propriété entiere des Rentes ſur le Roi qui dépendent de la ſucceſſion dont il s'agit, l'héritier inſtitué doit rapporter, pour juſtifier de ſon droit à l'excluſion de tous autres.

1°. L'extrait mortuaire du teſtateur.

2°. L'extrait de l'intitulé de l'inventaire fait après ſon décès, ou à ſon défaut un acte de Notoriété qui juſtifiera qu'il n'y en a point eu, & que le défunt n'a laiſſé pour ſes ſeuls & uniques héritiers de droit naturel que *tel*, *tel*, *telle*, &c. conforme au modele, N°. I.

3°. Expedition de l'acte contenant l'inſtitution.

4°. Un certificat d'uſage, ou atteſtation d'un Juge Royal, ou de deux Avocats, conforme au modele, N°. VII.

5°. Enfin ſa procuration, conforme aux modeles, N°. III ou IV.

Dans les Pays Coutumiers, celui qui, d'après les diſpoſitions d'un acte de derniere volonté, ſe trouve ſeul propriétaire d'une ou de pluſieurs parties de Rentes perpétuelles ſur le Roi, qui, ſuivant l'ordre de ſuccéder, devoient appartenir à pluſieurs, doit faire la preuve que nous venons de demander, avec cette différence ſeulement, qu'au lieu du certificat d'uſage, il doit fournir expédition de l'acte de délivrance du legs, ou de la Sentence qui l'aura ordonnée avec ou contre tous les héritiers.

Si par l'événement d'un partage ou de tout autre acte tranſlatif de propriété paſſés entre copropriétaires non immatriculés, la totalité de la Rente ſuppoſée ſe trouve appartenir à un ſeul, il ſera tenu de rapporter,

1°. L'extrait mortuaire du dernier propriétaire connu, ou immatriculé.

2°. L'extrait de l'intitulé de l'inventaire fait après ſon décès, ou s'il n'y en a point eu, un acte de Notoriété conforme au modele N°. I.

3°. Une expédition ou extrait ſuffiſant de l'acte de partage, ou autre, par lequel il ſera conſtaté que *tel*, *tel*, *telle*, &c. ont cédé tous leurs droits à un *tel* leur copropriétaire dans une *telle* Rente qui leur étoit commune. Mais ſi lecture faite de l'acte de partage, ou autre, on voit que l'époque de jouiſſance n'y ſoit pas fixée d'une maniere claire & poſitive, ce qui arrive très-ſouvent dans les partages paſſés en province, & ſur-tout lorſqu'ils y ont été faits ſous ſignature privée, il ſera néceſſaire de ſuppléer à cette omiſſion par un acte conforme au modele N°. VIII.

4°. Enfin une procuration conſentie par le

ceſſionnaire ſeulement, conforme aux modeles, N°. III ou IV.

Mais ſi les différens propriétaires que nous venons de ſuppoſer, euſſent tous été immatriculés, avant l'acte de partage, ceſſion, ou autre, il ſeroit ſuffiſant que celui qui auroit acquis la totalité de la rente, raportât une expédition de l'acte d'après lequel il ſeroit devenu ſeul propriétaire.

Lorſqu'aucun des héritiers ont renoncé à une ſucceſſion dans laquelle il ſe trouve des Rentes Royales, elles appartiennent en entier à ceux qui ont accepté l'hérédité ; en conſéquence ceux-ci feront la preuve requiſe ; & pour juſtifier qu'il ſont propriétaires des portions qui devoient appartenir à *tel*, *tel*, &c. ils rapporteront expédition de leurs actes de renonciation.

Les Curateurs aux ſucceſſions vacantes, font auſſi le recouvrement des Rentes Royales qui en dépendent, en par eux fourniſſant,

1°. L'extrait mortuaire de la perſonne dont il s'agit.

2°. L'extrait de l'intitulé de l'inventaire juſtificatif du nombre des héritiers de droit laiſſés par le défunt.

3°. Expédition de tous les actes de renonciation.

4°. Expédition de la Sentence qui établit ſa qualité.

5°. Enfin ſa procuration conforme aux modeles

N°. III ou IV, ou sa quittance, s'il est à portée de recevoir lui-même.

Lorsque le propriétaire d'une Rente perpétuelle sur le Roi, la transmet à un autre par donation entre vifs, on observera que s'il n'est pas dit dans la donation que les arrérages échus lors de la passation d'icelle appartiendront au donataire, c'est au donateur à les recevoir; & si pareille donation est faite en considération d'un mariage, le donataire ne peut être immatriculé qu'en justifiant que le mariage a réellement été fait par le raport de l'acte de célébration d'icelui; & dans le cas où lesdites Rentes seroient transmises en vertu de vœux en religion faits par celui qui en seroit propriétaire, ses héritiers fourniront une expédition en bonne forme de son acte de profession, avec l'extrait de l'intitulé de l'inventaire fait lors d'icelle, ou à son défaut un acte de Notoriété, conforme au modele, N°. I.

Il arrive souvent que dans une famille propriétaire de Rentes perpétuelles sur le Roi, les cadets s'expatrient sans qu'on ait pris avec eux aucun arrangement relatif auxdites Rentes, ce qui donne lieu à des difficultés qui en rendent, dans une infinité d'occasions, le recouvrement impossible, ou du moins très-dispendieux: c'est pourquoi les Tuteurs, Curateurs, ou autres Intéressés doivent toujours dans de pareilles circonstances, ne fût-ce que par rapport auxdites Rentes Royales, ſe faire donner par celui qui projette quelque abſence de longue durée, une procuration portant pouvoir de *ſubſtituer*, pour toucher nommément les arrérages *échus & à écheoir* deſdites Rentes : il ſeroit encore mieux que ceux qui ſe propoſent de reſter ſur les lieux s'arrangeaſſent de la propriété de celui qui doit s'abſenter, s'il étoit poſſible de traiter ſolidement avec lui; nous obſerverons même qu'en général il eſt toujours avantageux aux propriétaires des Rentes ſur le Roi, d'en faire paſſer la totalité ſur une ſeule tête, attendu que par ce moyen on prévient beaucoup d'inconvéniens qui tôt ou tard donnent lieu à des frais conſidérables.

Si le copropriétaire d'une ou de pluſieurs parties de Rentes perpétuelles ſur les Aydes & Gabelles, eſtime qu'il lui ſoit plus avantageux de toucher ſéparément la portion à lui revenante, il doit ſe pourvoir au Bureau de la Ville par le miniſtere d'un Procureur, pour obtenir le Jugement requis en pareil cas*.

Lorſqu'un copropriétaire s'eſt abſenté, ſans avoir laiſſé ſa procuration, & ſans qu'il ſoit poſſible de s'en procurer une, tant parce qu'on ignoreroit ſa demeure, que ſon exiſtence, tous les Intéreſſés requéreront un acte de Notoriété conforme au modele N°. IX.

* Cette diviſion n'a lieu que pour les Rentes perpétuelles qui ſe payent à l'Hôtel de Ville.

Munis de cet acte, ils se pourvoiront par Requête devant le Juge de leur domicile, pour demander qu'attendu l'absence d'un *tel* bien & duement constatée par acte passé devant un *tel*, Notaire en *tel* endroit, le *tel* jour & an, contrôlé à... le... & l'intérêt qu'ils ont de se procurer le payement des arrérages *échus & à écheoir*, d'une *telle* rente, assignée sur.... & autres revenus du Roi, constituée par contrat passé devant un *tel*, Notaire à Paris, le *tel* jour & an, ils soient & demeurent bien & valablement autorisés à en faire le recouvrement, & à passer & signer tous actes y relatifs, sous l'offre qu'ils feront de tenir compte & payer solidairement, & l'un d'eux seul pour le tout, à l'absent, ou autres qui pourroient avoir droit de lui, toutes fois & quantes ils en seront valablement requis, la part & portion à lui revenante dans les arrérages qu'ils auront touchés en vertu de la Sentence à intervenir : cela fait, & la Sentence obtenue, les Intéressés fourniront,

1°. Expédition du susdit acte de Notoriété.

2°. Expédition de la susdite Sentence.

3°. Leur procuration conforme aux modeles, N°. III ou IV, dans laquelle il sera fait mention qu'ils agissent, tant en leurs noms personnels, que comme étant autorisés par Sentence d'un *tel* jour à toucher la part & portion revenante à un *tel* absent depuis plusieurs années.

C'eſt ainſi que cela ſe pratique dans le Reſſort du Châtelet de Paris.

Pour opérer le rembourſement des Rentes Royales, il ne ſuffit pas d'en rapporter les titres; il faut encore faire une preuve complette de filiation & de propriété, depuis leur création juſqu'au jour qu'elles ſont rembourſées, & cette preuve ſe fait comme à l'exemple ſuivant.

Nous ſuppoſons que Pierre Dubois ait acquis, par contrat du 19 Août 1720, une partie de rente perpétuelle créée en vertu de l'Edit de Juin de la même année, que ce Pierre Dubois ſoit décédé, qu'il ait laiſſé Jean & Mathieu ſes enfans pour ſes ſeuls & uniques héritiers, que ces deux derniers ſoient encore décédés, & que chacun d'eux ait laiſſés deux enfans pour héritiers, ſavoir le premier Jacques & Barthelemi, & le ſecond Paul & Auguſtin, que nous ſuppoſons majeurs, alors leſdits quatre enfans pourſuivant le rembourſement, ſeront tenus de rapporter, ſavoir,

A cauſe de Pierre Dubois, propriétaire originaire,

1°. Son extrait mortuaire;

2°. L'extrait de l'intitulé de l'inventaire fait après ſon décès, ou s'il n'en a point été fait, un acte de Notoriété conforme au modele N°. I, dans lequel il ſera juſtifié qu'il laiſſa pour ſes ſeuls

& uniques héritiers Jean & Mathieu Dubois, ses enfans.

A cause de Jean & Mathieu Dubois,

3°. L'extrait mortuaire de Jean.

4°. L'extrait de l'intitulé de l'inventaire fait après son décès, ou à son défaut un acte de Notoriété, comme à l'article précédent, pour prouver que ses seuls & uniques héritiers ont été Jacques & Barthelemi Dubois, ses enfans.

5°. L'extrait mortuaire de Mathieu.

6°. L'extrait de l'intitulé de l'inventaire fait après son décès, ou s'il n'en fut point fait, pareil acte de Notoriété qu'aux précédens articles, pour établir aussi que ses seuls & uniques héritiers ont été Paul & Augustin Dubois, ses enfans.

7°. La grosse en parchemin du contrat de constitution, & la quittance de finance pour les objets sur lesquels il en a été expédié.

8°. Un certificat du Conservateur des Hypotheques établi à Paris.

9°. Une quittance sur parchemin, passée devant les Notaires de Paris.

10°. Enfin une procuration, *qui doit être fournie en original*, consentie par lesdits Jacques, Barthelemi, Paul, & Augustin Dubois, conforme au modele, N°. X, laquelle ne sera nécessaire qu'autant que les susnommés ne seront pas à portée de signer eux-mêmes la quittance de remboursement.

S'il y a des mineurs, des émancipés, ou des filles mariées, il faudra se conformer à nos précédentes observations; & soit qu'il y ait plus ou moins de mutations, on se conformera toujours aux principes que nous venons d'établir, en observant encore que toutes les fois qu'on aura omis d'établir dans un inventaire, & d'une maniere très-positive, le nombre des héritiers, il sera pour lors indispensable de raporter l'inventaire pour constater l'omission, & d'y joindre un acte de Notoriété pour y suppléer, conforme au modele N°. II. Enfin si l'un des quatre copropriétaires dont nous venons de parler, avoit acquis la totalité de la rente supposée, il recevroit seul le remboursement, en par lui joignant à la preuve requise, une expédition ou extrait suffisant de son acte d'acquisition *.

Lorsque le propriétaire d'un rente perpétuelle sur le Roi, veut vendre son contrat, & que l'acquéreur exige que ce soit par la voie de la reconstitution, & non par celle du transport pur & simple, le vendeur est obligé de fournir une procuration conforme au modele, N°. XI, & de faire

Nota. Les arrérages des parties remboursées en vertu de la Déclaration du 30 Juillet 1775, ne se payent que jusqu'au premier Janvier 1776 seulement.

une preuve complette, comme à l'exemple que nous venons de donner pour les remboursemens faits par le Roi.

Pour rectifier les erreurs qui se glissent souvent dans les noms de Baptême des Rentiers, il faut raporter l'extrait baptistaire de celui dont il s'agit, avec un acte de Notoriété conforme au modele N°. XII; & si le nom de famille a été mal ortographié, ce qui arrive encore très-souvent, même dans les extraits baptistaires, il faut fournir un extrait suffisant du contrat de mariage de la personne dont il est question, ou à son défaut, de celui de son pere, avec un acte de Notoriété conforme au modele N°. XIII, en observant que si ce n'est point dans l'extrait baptistaire que l'erreur a été commise, il sera nécessaire de le joindre aux pieces que nous venons de demander.

Les Communautés d'Arts & Métiers, les Chapitres, les Maisons Religieuses, & autres gens de main morte, qui ont des Rentes perpétuelles sur le Roi, doivent commettre l'un d'eux, par acte capitulaire, contenant pouvoir de substituer, pour en faire le recouvrement, & si la personne commise n'est point à portée d'y vaquer elle-même, elle substituera un tiers par procuration conforme aux modeles N°. III ou IV, ou elle agira en sa qualité de fondée de pouvoir, de Sindic, Trésorier, Receveur, Marguillier en charge, &c. à laquelle elle joindra une expédition de l'acte conftitutif de fa qualité, ou bien, ce qui fera encore mieux, l'acte capitulaire lui-même nommera & commettra directement un Procureur *ad hoc* pour la perception des rentes, auquel on donnera les pouvoirs contenus dans les modeles N°. III ou IV, on évitera par ce moyen les frais de dépôt & d'expédition de la deuxieme piece.

Toutes les Communautés d'Arts & Métiers, anciennement établies dans les différentes Villes du Reffort du Parlement de Paris, excepté celles de Paris & Lyon, ont été fupprimées par l'article premier de l'Edit d'Avril 1777; & comme par l'article XIX du même Edit, le Roi fe charge de payer les dettes defdites Communautés, en par les créanciers d'icelles, fe conformant audit Edit, les rentes qui pouvoient leur être dues par Sa Majefté, demeurent éteintes pour toujours tant en principal qu'en arrérages.

Les arrérages des Rentes Royales n'étant pas fujets à prefcription, on eft fondé à demander le payement de tous ceux qui peuvent être dûs, mais il faut qu'on ait fatisfait aux difpofitions de l'Edit de Décembre 1764, ou à la Déclaration du 30 Juillet 1775: à l'égard des propriétaires qui n'ont point repréfenté leurs titres dans les délais prefcrits par l'Edit de Décembre 1764, & les Déclarations des 21 Juin 1765, 11 Mars 1766, & 19 Juillet 1767, & qui néanmoins ont ſatisfait à celle du 30 Juillet 1775, ils ne peuvent répéter, conformément à l'article V de la Déclaration dudit jour 19 Juillet 1767, que les arrérages antérieurs au premier Juillet de ladite année 1767, & ceux échus à compter du premier Juillet 1775.

Les arrérages antérieurs au premier Janvier 1773, des Rentes ſur les Tailles, Domaines & Bois, &c. qui ſe payoient par les Receveurs des Tailles avant l'Arrêt du Conſeil du premier Avril 1774, & qui ont été portés au Tréſor Royal à défaut de réclamation, ſont employés par forme de remplacement dans les Etats de la Caiſſe des Amortiſſemens mais il faut ſe pourvoir pour cela dans les Bureaux de M. Harvoin, rue de Paradis au Marais, lequel ne peut employer qu'une année à la fois, c'eſt-à-dire, que ſi l'on a laiſſé accumuler dix années, il faut dix autres années pour en faire le recouvrement.

Lorſque la propriété d'une Rente perpétuelle eſt tranſmiſe à des enfans, ou à des collatéraux, par le décès d'un mari ou d'une femme en communauté de biens, il s'en ſuit que le ſurvivant a droit pour moitié dans les arrérages échus & non payés au jour du décès du prémourant; en conſéquence celui qui a ſurvécu doit recevoir le prorata conjointement avec les héritiers: pour cet effet, il conſentira une procuration conforme au modele No. XIV,

& la communauté ſera prouvée par une expédition ou extrait ſuffiſant du contrat de mariage. (Voyez au ſurplus les obſervations relatives au décompte des Rentes viageres.) Mais s'il n'y avoit point de communauté, les héritiers toucheront la totalité des arrérages, en par eux faiſant la preuve requiſe en pareil cas. (Voyez comme deſſus au décompte des Rentes viageres.)

Enfin nous obſerverons que toutes les fois qu'il y a eu communauté de biens entre conjoints, les arrérages des rentes, tant viageres que perpétuelles, échus & non payés au jour de la diſſolution de la communauté, appartiennent, ſavoir, la moitié au mari ou à la femme ſurvivante, & l'autre moitié aux héritiers du prédécédé, ce qui a même lieu lorſque la rente provient du chef de celui qui a ſurvécu, & pour lors on ne peut recevoir qu'après que chacun a juſtifié de ſa qualité de la maniere preſcrite, & qu'en vertu du pouvoir unanime de tous les intéreſſés, donné conjointement ou ſéparément.

Les minutes des procurations, des actes de Notoriété, des partages, des inventaires, des teſtamens, & de généralement tous les actes fournis pour juſtifier du droit de propriété, doivent être contrôlées, & les expéditions ou les minutes quand elles ſont délivrées en brevets, doivent être légaliſées par un Juge Royal, à moins qu'on en fût éloigné de trois lieues, ou plus, auquel cas les légalisations pourront être faites par le Juge du lieu, en par lui constatant dans sa légalisation, l'éloignement susdit du plus prochain Siége Royal.

Nous observerons encore que l'ordre de la comptabilité exige que tous les actes que les propriétaires des Rentes envoyent à Paris, y soient déposés chez un Notaire, & que ce n'est que sur les expéditions, ou extraits, qu'il en donne, qu'on peut se faire immatriculer; au moyen de quoi, ceux qui pourroient avoir besoin desdits actes, pour vaquer sur les lieux à d'autres affaires, feront bien d'en conserver telles expéditions qu'ils jugeront à propos.

Dans les pays où le papier marqué & le contrôle n'ont pas lieu, il faut aussi que le Juge en fasse mention expresse dans ses légalisations.

A l'égard des extraits mortuaires, baptistaires, de célébration de mariage, & autres semblables, ils ne sont pas sujets au contrôle, mais il faut qu'ils soient expédiés sur papier marqué & légalisés par un Juge Royal, ou à son défaut par le Juge du lieu, en par lui observant & faisant mention de l'éloignement, ou enfin par Messieurs les Evêque ou grand Vicaire du Diocèse.

Pour faire immatriculer comme majeurs des propriétaires qui n'ont paru qu'en minorité, il suffit de rapporter leurs Extraits baptistaires.

Au reſte, nous ajoutons que lorſqu'il s'agit de faire preuve de propriété, ou de recevoir, on n'admet jamais les clauſes portant qu'un *tel* ſe porte fort pour & au nom d'un *tel*, auquel il promet & s'oblige de faire approuver, ratifier, &c. chaque choſe devant être prouvée littéralement & par des actes en bonne & due forme, ceux qui contiendront ces ſortes de clauſes, ſeront toujours rejettés, ainſi que tous les actes ſujets à l'inſinuation, comme Renonciations, Teſtamens en ligne collatérale, Donations entre vifs, excepté celles par Contrat de Mariage, & en ligne directe, Subſtitutions, Exhérédations, Sentences de ſéparations, d'interdictions, Lettres de bénéfice d'âge, de bénéfice d'inventaire, Actes d'émencipations, &c. s'il n'appert expreſſément qu'ils ont été revêtus de cette formalité.

CHAPITRE II.

Des Rentes viageres.

ON sçait que pour opérer le recouvrement des Rentes viageres, il est indispensable de prouver l'existence actuelle de ceux sur la tête de qui elles ont été créées; mais comme cette preuve est assujettie à plusieurs formalités de rigueur, nous observerons;

1°. Que les certificats de vie de tous les Rentiers habitans dans le Royaume, doivent être signés d'eux, & contenir déclaration expresse de leur existance, de leurs noms, surnoms, qualités ou profession, domicile & jour de leur naissance.

2°. Que lorsqu'un Rentier ne sçait pas signer, ou qu'il ne le peut pour cause de maladie, ou autrement, il est nécessaire que le Juge en fasse mention dans son certificat de vie, de même que s'il a changé de domicile, ou de qualité ou profession, depuis le dernier certificat; ce qui doit s'exprimer par ces mots, ci-devant demeurant à.... ci-devant de *telle* qualité ou profession.

3°. Que tous les certificats de vie doivent être délivrés par le premier Juge Royal du domicile des Rentiers, & en son absence, dont il sera fait mention, par celui qui le suivra immédiatement.

4°. Que s'il n'y a pas de Juges Royaux dans l'endroit où demeurent les Rentiers, & qu'il n'y en ait même pas dans les trois lieues à la ronde; le premier Juge du lieu du domicile des Rentiers, & en son absence, dont il sera aussi fait mention, le second Juge pourra délivrer lesdits certificats; mais alors il y sera positivement déclaré dans quel éloignement le domicile des Rentiers se trouve du plus prochain Siége Royal, qui ne peut être moindre de trois lieues, pour que les certificats des Juges Seigneuriaux soient valables.

A l'égard des Rentiers qui se trouvent atteints de maladie ou d'infirmités qui ne leur permettent pas de se transporter au domicile du plus prochain Juge Royal, ils pourront se faire expédier leurs certificats de vie par les Juges des lieux de leur domicile; mais en ce cas ils y joindront une attestation d'un Médecin ou Chirurgien, & à leur défaut du Curé de la Paroisse, pour établir la vérité des faits, laquelle sera légalisée par le Juge du lieu, en par lui observant toujours & faisant mention de l'éloignement du plus prochain Juge Royal; & s'il en existe à une distance moindre de trois lieues, il faudra sa légalisation, tant sur l'attestation de maladie, que sur le certificat de vie.

A défaut de Juges Royaux ou Seigneuriaux, les Notaires peuvent aussi délivrer des certificats de vie aux Rentiers qui, pour cause de maladie, sont hors d'état de se transporter au plus prochain domicile des Juges; mais en ce cas il sera néceſſaire d'y joindre pareille atteſtation que celle demandée à l'article precédent, laquelle ſera légaliſée de même que le certificat des Notaires, par le plus prochain Juge Royal, ou à ſon défaut par le Juge Seigneurial, en par lui obſervant & faiſant mention de l'éloignement requis.

Les certificats de vie des Rentiers qui demeurent hors du Royaume, doivent contenir ainſi que ceux des Regnicoles, déclaration expreſſe du jour de leur naiſſance, de leur exiſtance, de leurs noms, ſurnoms, qualités & domicile. Il faut qu'ils ſoient délivrés par les Ambaſſadeurs, Envoyés, Réſidens, Conſuls, ou autres perſonnes chargées des affaires de France dans les Cours étrangeres, à moins qu'il n'y en ait point dans le lieu du domicile du Rentier, ni à trois lieues aux environs; auquel cas les Rentiers pourront ſe faire expédier leurs certificats de vie pardevant Notaires, ou autres perſonnes publiques, mais il faudra que ce ſoit en préſence de deux témoins qui atteſteront connoître les Rentiers, leſquels certificats ſeront légaliſés par les Juges des lieux qui déclareront dans quel éloignement ſe trouve le domicile du Rentier de celui des Ambaſſadeurs ou autres chargés des affaires de France; & lorſque ce ſeront les Juges des lieux qui délivreront les certificats, ce ſera pour lors à eux à y faire mention expreſſe du ſuſdit éloignement.

Les Rentiers étrangers atteints de maladies, ou d'infirmités aſſez graves pour ne pouvoir ſe tranſporter au plus prochain domicile des Ambaſſadeurs, ou autres perſonnes chargées des affaires de la Cour de France, pourront auſſi ſe faire expédier leurs certificats de vie par les premiers Notaires, ou autres Officiers publics, qui ſeront à leur portée, en préſence de deux témoins qui atteſteront connoître les Rentiers, auxquels ils joindront un certificat d'un Médecin ou Chirurgien, & à leur défaut du Curé ou Miniſtre du lieu de leur demeure, qui atteſtera la vérité du fait, lequel ſera légaliſé, ainſi que le certificat de vie, par la perſonne chargée des affaires de France, ou à ſon défaut par le Juge le plus prochain, en obſervant l'éloignement requis. Enfin lorſque ces certificats ſont délivrés par des Notaires, ils doivent néceſſairement être légaliſés, ſoit par les Juges des lieux, ſi le cas y écheoit, ou par les Ambaſſadeurs ou autres; mais s'ils ſont délivrés par les Juges, ils en ſont diſpenſés, lors ſeulement que le domicile du Rentier eſt à une diſtance de trois lieues ou plus de celui des perſonnes chargées des affaires de France.

Les différens modeles des certificats de vie, ſont compris au chapitre IV, ſous les numéros XVI, XVII, XVIII & XIX.

Pour toucher le décompte, ou prorata des

Rentes viageres dûes au jour du décès d'un Rentier, il faut que ses héritiers rapportent,

1°. Son extrait mortuaire.

2°. L'extrait de l'intitulé de l'inventaire fait après son décès, ou à son défaut un acte de Notoriété conforme au modele N°. I.

3°. La grosse en parchemin du contrat constitutif de la Rente.

4°. Une procuration conforme au modele N°. XX, consentie par tous les héritiers.

5°. Enfin une quittance sur parchemin, & pardevant Notaires, pour chacune des années dues, signée de tous les Intéressés, ou de leur fondé de procuration.

Mais si la Rente supposée appartenoit à un mari ou à une femme en communauté de biens, le survivant auroit droit pour moitié dans les arrérages dûs au jour du décès du prémourant, & pour lors il faudra qu'il reçoive conjointement avec les héritiers, en justifiant qu'il y avoit communauté entre lui & le prédécédé, par le raport d'un extrait suffisant de leur contrat de mariage; & s'il n'en a point été fait, & que la communauté n'ait existé qu'en vertu de la disposition de la Coutume locale, il sera nécessaire de prouver qu'il n'y a point eu de contrat de mariage, par un acte de Notoriété conforme au modele N°. XXII, auquel on joindra un certificat d'usage dont le modele est sous le N°. XXI.

S'il n'y avoit pas de communauté entre les mari & femme que nous venons de ſuppoſer, les héritiers de celui à qui la rente viagere appartenoit, en juſtifieront en rapportant un extrait ſuffiſant du contrat de mariage, Sentence de ſéparation, ou certificat d'uſage conforme au modele N°. XV, ſi la Communauté étoit proſcrite par les diſpoſitions de la Coutume ſeulement, mais en ce cas il ſera toujours néceſſaire de rapporter une expédition du contrat de mariage, pour prouver qu'on n'y a pas dérogé à la Coutume.

En ſuppoſant que la rente provienne du chef du mari, & que la femme ſurvivante ait renoncé à la communauté, les héritiers recevront la totalité des arrérages, mais ils ſeront obligés de rapporter une expédition de l'acte de renonciation. Voyez au ſurplus ce qui a été dit page 15, ſur les arrérages des Rentes tant viageres que perpétuelles, échus & non payés lors de la diſſolution d'une communauté de biens entre mari & femme.

Si les héritiers ſont mineurs, ou s'ils ont tous renoncé, le tuteur, ou le Curateur à la ſucceſſion vacante, recevront le décompte, en par eux juſtifiant toujours du nombre des héritiers de droit, & de leurs qualités, comme au décompte des Penſions, mais on obſervera qu'on n'eſt point obligé de dépoſer les actes fournis pour recevoir le prorata des rentes viageres.

Des Rentes viageres, chap. II.

Enfin lorſqu'un particulier qui a acquis une rente viagere ſur la tête d'un tiers, décede, celui qui doit jouir après lui eſt tenu de rapporter ſon extrait mortuaire, avec un extrait du contrat de conſtitution, pour prouver qu'il a ſeul droit de ſuccéder au défunt.

Nota. Comme il paroît dans ce moment un Edit du Roi donné à Verſailles au mois de Novembre 1778, regiſtré en Parlement le 27 dudit mois, portant création de quatre millions de rente viagere, nous croyons que le public ne ſera pas fâché d'en trouver ici l'extrait ſuivant.

L'art. I porte création de quatre millions de rentes viageres, ſpécialement affectées & hypothéquées ſur les Aydes & Gabelles, & cinq groſſes Fermes, qui pourront être acquiſes, ſoit ſur une ſeule tête à raiſon de dix pour cent par an, ou ſur deux têtes à raiſon de huit & demi pour cent auſſi par an, le tout ſans diſtinction d'âge, & au choix des acquéreurs.

L'art. II porte que les arrérages deſdites rentes, ſeront ſujets à la retenue du dixieme d'amortiſſement, & exempts à toujours de toute autre impoſition généralement quelconque.

L'art. III porte que les conſtitutions ne pourront être moindres de cinquante livres de jouiſſance annuelle ſur une ſeule tête, & de quarante-deux livres dix ſols ſur deux têtes, pour en jouir par les acquéreurs, ſoit ſur leurs têtes, ſoit ſur celles de toutes autres perſonnes que bon leur ſemblera; voulant Sa Majeſté que les contrats ſoient paſſés pardevant tels Notaires au Châtelet de Paris que les acquéreurs choiſiront, leſquels ſeront tenus de leur délivrer les groſſes ſans aucuns frais.

L'art. IV porte que l'emprunt ſera ouvert au Tréſor Royal (chez M. d'Harvelay) immédiatement après la publication de l'Edit, & que les rentes auront cours, en quelque tems qu'elles ſoient acquiſes, du premier jour du quartier dans lequel les capitaux auront été fournis.

L'art. V porte que les fonds néceſſaires pour le payement des arrérages deſdites rentes ſeront remis aux Payeurs, ainſi qu'il eſt d'uſage pour le payement des arrérages des autres rentes, tant viageres que perpétuelles, aſſignées ſur leſdites Aydes & Gabelles, ſans que les rentes préſentement créées puiſſent être retranchées ni réduites en aucun tems, pour quelque cause & sous quelque prétexte que ce puisse être.

L'art. VI porte que toutes personnes, de quelque âge, sexe & condition qu'on puisse être, même les Religieux & Religieuses qui peuvent avoir quelque pécule, pourront acquérir lesdites rentes, en faire passer les contrats sous les noms qu'ils voudront choisir, avec les réserves de jouissance, & autres clauses & conditions qu'ils jugeront à propos.

L'art. VII porte que les arrérages desdites rentes seront payés de six mois en six mois, par les Payeurs des Rentes de l'Hôtel de Ville, en la même forme & maniere que les autres Rentes viageres.

L'art. VIII porte que les Rentes qui auront été constituées sur une seule tête, seront payées jusqu'au jour du décès de ceux sur la tête desquels elles auront été constituées; & celles qui auront été constituées sur deux têtes, le seront jusqu'au jour du décès du survivant.

L'art. IX porte que les Etrangers non naturalisés demeurant dans le Royaume, ainsi que ceux qui demeurent en pays étranger, pourront, de même que les Sujets de Sa Majesté, acquérir lesdites rentes, encore bien qu'ils fussent Sujets des Princes & Etats avec lesquels le Roi est, ou pourroit être en guerre; voulant en conséquence que lesdites Rentes, & les arrérages qui en seront dûs au jour du décès de ces Rentiers, soient exemptes de toutes lettres de marque, & de représailles, droit d'aubaine, bâtardise, ou autres.

L'art. X & dernier attribue la connoissance des contestations qui pourroient survenir à l'occasion desdites rentes, aux Prevôt des Marchands & Echevins de la Ville de Paris, en premiere instance, & par appel au Parlement.

Au reste, nous voyons avec regret que les bornes de cet ouvrage, ne nous permettent pas de rapporter les motifs de bienfaisance qui ont déterminé notre auguste Monarque à recourir plutôt à cet emprunt, dans les besoins actuels de l'Etat, qu'à un impôt extraordinaire.

CHAPITRE III.

Des Penſions ſur le Tréſor Royal.

SA MAJESTÉ ayant preſcrit, par ſes Lettres-Patentes du 8 Novembre 1778, regiſtrées en la Chambre des Comptes le 19 du même mois, une nouvelle forme pour le payement des Penſions de toute nature, nous croyons qu'il eſt à propos de donner au Public une connoiſſance parfaite de cette loi ; en conſéquence nous commencerons par la rapporter mot à mot, afin que tous ceux qu'elle intéreſſe puiſſent y recourir au beſoin.

ARTICLE PREMIER.

A commencer du premier Janvier prochain, aucune Penſion, gratification annuelle, ou autres graces viageres, ſous quelque titre & dénomination que ce ſoit, ne ſeront plus payées que par le ſieur Savalete, l'un des Gardes de notre Tréſor Royal, que nous avons choiſi à cet effet.

II.

N'entendons pas comprendre dans l'article ci-deſſus les ſoldes & demi-ſoldes accordées pour retraite aux Soldats & bas-Officiers, leſquelles à cauſe de la modicité des objets, continueront d'être payées comme ci-devant.

III.

Défendons très-expreſſément à notre Chambre des Comptes, de paſſer en dépenſe, ſous quelque prétexte que ce soit, dans les comptes de tout autre Comptable, que ceux du Garde de notre Trésor Royal, ci-dessus nommé, aucun payement de Pensions, ou autres graces viageres.

I V.

Voulons que les divers Départemens, dépositaires des décisions en vertu desquelles aucun Pensionnaire jouit d'une grace viagere, aient à en faire passer l'ampliation au Département des Finances; pour lesdites décisions & autres titres probans y être enregistrés & compris dans des états qui seront remis sous nos yeux, pour être par nous approuvés, & servir de titres permanens à la perception annuelle de ces mêmes pensions; & voulons que les mêmes formes soient observées pour les nouvelles graces de ce genre, que nous serons dans le cas d'accorder.

V.

Pour éviter toute erreur, & de la part des Pensionnaires, ou dans les Bureaux du Trésor Royal, lesdits états, ainsi que les Registres tenus en conséquence, contiendront en deux colomnes, & la somme de chaque pension, & celle à laquelle elles ont été réduites par l'effet des différentes retenues ordonnées dans les Arrêts du Conseil rendus à ce sujet, antérieurement à cette époque.

V I.

Ces diverses formalités étant observées, nous

voulons qu'à commencer du premier Janvier 1780, les Penſionnaires puiſſent recevoir leurs penſions ſur leurs ſimples quittances, ſans être obligés de ſolliciter chaque année une ordonnance, en joignant toutefois à leur quittance un certificat de vie, *dans la forme uſitée pour les rentes ſur l'Hôtel-de-Ville*; & nous nous réſervons de faire connoître quel ordre de payement le plus régulier & le plus commode aux Penſionnaires devra être obſervé.

VII.

Afin que les nouvelles diſpoſitions que nous ordonnons n'apportent aucun retard dans les payemens, notre intention eſt que dans l'année prochaine, le Garde de notre Tréſor Royal paye ſelon les formes uſitées juſqu'à préſent.

VIII.

Voulons qu'il ſoit dreſſé un tableau de toutes les Penſions & autres graces annuelles, en réuniſſant dans le même article, celles qui ont été accordées à la même perſonne; lequel tableau nous ſera remis par l'Adminiſtrateur général de nos Finances.

IX.

En ſuite de la connoiſſance que nous prendrons de ce tableau, nous nous réſervons de déterminer par un Réglement général, enregiſtré à notre Chambre des Comptes, de quelle ſomme d'extinction pour chaque Département nous permettrons qu'on nous propose le remplacement.

X.

Voulons qu'au commencement de chaque année il nous soit remis un état des extinctions qui auront eu lieu dans le cours de la précédente; & le double de ce même état sera envoyé à chaque Ordonnateur, pour la partie qui concerne son département.

X I.

Le Garde de notre Trésor Royal comptera du payement annuel des Pensions, par un compte distinct & séparé, & dans la forme qui sera par nous prescrite. Si vous mandons, &c.

Il résulte donc des dispositions de ces Lettres-Patentes, qu'à commencer du premier Janvier 1780, les Pensionnaires ne seront plus obligés de solliciter chaque année une ordonnance pour le payement de leurs pensions, mais bien de rapporter leur blanc-seing, comme par le passé, (les Lettres-Patentes ne prescrivant rien de nouveau à cet égard,) avec leur certificat de vie exactement conforme à ceux qu'on est dans l'usage de fournir pour recevoir les Rentes viageres payables à l'Hôtel de Ville, c'est-à-dire qu'ils seront délivrés sur papier marqué par les premiers Juges Royaux du domicile des Pensionnaires, ou par les Juges Seigneuriaux, si le cas y échecit, & qu'ils seront conçus dans les mêmes termes que ceux dont nous avons donné les modeles sous les numéros XVI & XVII pour les Pensionnaires qui demeurent en France, & XVIII & XIX pour ceux qui pourroient être en pays étranger. Voyez au surplus, au chapitre précédent, pages 25 & suivantes, nos observations sur ces certificats, auxquelles il sera indispensable de se conformer. Voyez aussi le Supplément à la fin du quatrieme & dernier chapitre.

Les Héritiers d'un Pensionnaire sont tenus de rapporter, pour être admis à recevoir le décompte de sa pension;

1°. La croix dont il étoit décoré, qu'il faut adresser au Ministre ayant le département de la Guerre ou de la Marine, en observant qu'il est essentiel de charger sur la feuille de la Poste, la lettre par laquelle on en fera l'envoi.

2°. Deux extraits mortuaires, l'un pour les Bureaux du Ministre, à l'effet d'obtenir l'ordonnance de décompte (1), & l'autre pour être joint aux pieces justificatives qu'il faut fournir au Trésor Royal; lesquels extraits seront remis, ainsi que les pieces suivantes, à la personne qui sera chargée de solliciter le décompte & le recouvrement des arrérages.

(1) D'après le nouveau plan adopté par les Lettres-Patentes du 8 Novembre, on ne sera peut-être plus obligé d'obtenir des ordonnances pour les décomptes des Pensions, mais que cela soit, ou non, les heritiers des Pensionnaires seront toujours tenus de justifier de leurs qualités comme par le passé.

3°. Une quittance paſſée devant Notaires à Paris, ſur parchemin timbré, ſignée de toutes les Parties ou de leur Fondé de procuration, laquelle doit toujours contenir la ſomme totale portée dans l'ordonnance de décompte, quand bien même elle ne ſeroit payable qu'à pluſieurs époques.

4°. Un certificat du Conſervateur des oppoſitions à faire au Tréſor Royal, portant qu'il n'y a point d'oppoſition au payement, ſur le défunt, ſa ſucceſſion, ſa veuve, ou héritiers.

5°. Une procuration conforme au modele N°. XXIV, conſentie conjointement ou ſéparément par tous ceux qui auront droit de toucher le décompte, s'ils ne ſont pas à portée de le recevoir eux mêmes.

On joint l'ordonnance de décompte à ces différentes pieces, & le tout eſt remis entre les mains du Liquidateur, du Garde du Tréſor Royal en exercice, qui indique le tems où il faut ſe préſenter pour recevoir.

Lorſqu'on ne paye qu'un à-compte ſur les arrérages, on remet un bordereau qui établit la ſomme qui reſte dûe, & qui fixe les époques où elle ſera payée.

S'il y a une veuve commune en biens, elle a droit de toucher la moitié du décompte conjointement avec les héritiers, en juſtifiant de ſa communauté par le rapport de ſon contrat de mariage, ou en conſtatant qu'il n'en a point été fait, par un acte de Notoriété conforme au modele N°. XXII, mais bien que la ſuſdite communauté a eu lieu en vertu ſeulement des diſpoſitions de la Coutume locale, pour raiſon de quoi il ſera néceſſaire de rapporter un certificat d'uſage conforme au modele N°. XXI; & ſi la veuve n'étoit point en communauté, les héritiers ſeront tenus d'en juſtifier en rapportant un extrait ſuffiſant de ſon contrat de mariage, Sentence de ſéparation, ou certificat d'uſage, conforme au modele N°. XV, pour les pays où la communauté eſt proſcrite par la Coutume qui les régit; mais en ce cas il ſera toujours néceſſaire de fournir une expédition du contrat de mariage, pour prouver qu'on n'y a point dérogé à la Coutume, ou à ſon défaut un acte de Notoriété conforme au modele N°. XXII.

Lorſqu'aucun des héritiers ont renoncé, il faut en juſtifier, en rapportant les actes de renonciation.

Si tous les héritiers ont renoncé, il ſera créé un Curateur à la ſucceſſion vacante, lequel touchera le décompte, en par lui juſtifiant du nombre des héritiers de droit, de leur renonciation, & en rapportant expédition de la Sentence qui l'aura nommé.

Si les enfans ou héritiers ſont mineurs, leur tuteur recevra le décompte, en par lui juſtiſiant toujours du nombre des héritiers, & en rapportant expédition de l'acte de tutelle, dans les Coutumes où elle eſt dative, ou un certificat d'uſage, conforme au modele N°. VI, pour les pays où elle eſt naturelle.

Le défunt ayant fait un teſtament, l'exécuteur teſtamentaire pourra toucher le décompte dans l'année du jour du décès, en rapportant les extraits mortuaire, d'intitulé d'inventaire, & du teſtament qui le nomme, ce dernier extrait devant être délivré par le Notaire dépoſitaire de la minute.

Si c'eſt un légataire général, ou particulier, qui ait ſeul droit au décompte, il faut dans les Pays Coutumiers, outre les pieces ci-deſſus, expédition de l'acte de délivrance du legs, qui aura été faite par tous les héritiers, ou de la Sentence qui l'aura ordonnée avec ou contre tous leſdits héritiers.

Quant aux teſtamens faits en pays de Droit écrit, il eſt néceſſaire de joindre à l'extrait ou expédition d'iceux une atteſtation du Juge Royal ou de deux Avocats, conforme au modele N°. VII, laquelle tiendra lieu d'acte de délivrance.

On n'admet point de procuration donnée par une perſonne comme ſe portant fort pour une autre; les femmes doivent toujours être autoriſées de leurs maris, & l'exiſtance des mariages doit être prouvée par le rapport des actes de célébration d'iceux.

Tous les actes fournis pour recevoir les décomptes, doivent être paſſés pardevant Notaires, & ſur papier timbré; il faut auſſi que les minutes ſoient contrôlées, & que les expéditions, ou les minutes, quand elles ſont délivrées en brevet, ſoient légaliſées par un Juge Royal, à moins qu'il n'y en ait point dans les trois lieues à la ronde du domicile des intéreſſés, auquel cas les légaliſations pourront être faites par le premier Juge du lieu, en par lui faiſant mention expreſſe du ſuſdit éloignement. Il faut auſſi qu'il ſoit fait une expreſſe mention de l'inſinuation dans toutes les expédions des actes ſujets à cette formalité. Les actes de célébration de mariage, extraits baptiſtaires, mortuaires, &c. ne ſont point aſſujettis au contrôle; mais ils doivent être faits ſur papier timbré, & légaliſés comme pour les rentes.

A l'égard des pays où le papier timbré & le contrôle ne ſont point en uſage, il ſuffira qu'il en ſoit fait mention dans les légaliſations.

Les pieces fournies pour recevoir le décompte des penſions, ne doivent point être dépoſées; elles ſeront ſeulement certifiées véritables par les parties, ou leur fondé de procuration, en obſervant néanmoins que s'il y avoit dans la ſucceſſion d'autres objets à recevoir que celui du décompte, on pourroit en ce cas les dépoſer, & ne fournir que des expéditions, ou extraits ſuffiſans.

CHAPITRE IV.

Modeles d'Actes, & Observations sur la maniere adoptée sur le payement des Rentes.

NUMÉRO I.

Acte de Notoriété pour constater le défaut d'inventaire, & le nombre des héritiers.

PARDEVANT, &c. furent présens.... (deux personnes, noms, surnoms, qualités & demeures).....

Lesquels ont unanimement certifié & attesté pour vérité, avoir parfaite connoissance, qu'après le décès de.... (mettre ici les noms, surnoms, qualités & demeure du défunt)..... il ne fut point fait d'inventaire, & qu'il n'a laissé pour ses *seuls & uniques* héritiers, que....... (mettre ici les noms, surnoms & qualités de tous les héritiers).... ses enfans majeurs de vingt-cinq ans & plus, (ou mineurs, ou freres, sœurs, neveux, &c.) Desquelles certifications & attestations, il nous a été requis acte par.... (mettre ici les noms & surnoms de la personne qui aura requis l'acte, n'étant pas nécessaire qu'il soit requis par tous les héritiers)..... auquel nous l'avons octroyé pour servir & valoir ce qu'il appartiendra. Fait & passé, &c.

NUMÉRO II.

Autre Acte de Notoriété qu'il faut fournir quand on a omis d'établir suffisamment, dans un inventaire, le nombre des héritiers.

PARDEVANT, &c. (comme au précédent)....

Lesquels ont unanimement certifié & attesté pour vérité, avoir parfaite connoissance que feu.... (mettre ici les noms, surnoms, qualités & demeure du défunt).... n'a laissé pour ses seuls & uniques héritiers, que *tel*, *tel*, *telle*, &c. ses enfans majeurs de vingt-cinq ans & plus (ou comme au précédent), & que ce n'est que par erreur qu'on a omis de faire cette mention expresse dans l'inventaire fait après son décès... (le surplus comme au précédent.)

NUMÉRO III.

Procuration portant pouvoir de recevoir les arrérages des Rentes.

PARDEVANT, &c. furent présens....... (noms, surnoms, qualités & demeures de tous les Intéreſſés, les femmes toujours autoriſées de leurs maris)....

Leſquels ont fait & conſtitué leur procureur général & ſpécial M..........

Auquel ils donnent pouvoir de, pour eux & en leurs noms, recevoir de.... (laiſſer ceci en blanc, ſi on ignore le nom du Payeur) .... ou de tous autres qu'il appartiendra, à la décharge de Sa Majeſté ou autres, les arrérages *échus & à écheoir* de.... (mettre ici le montant de la rente) .... de rente.... (mettre ici ſi elle eſt viagere, tontine, ou perpétuelle) .... apartenante auxdits ſieurs conſtituans, aſſignée ſur les.... (mettre ici l'aſſignat).... & autres revenus du Roi, conſtituée par contrat paſſé devant M^e^.... (mettre ici le nom du Notaire dépoſitaire de la minute) .... Notaire à Paris, le.... (mettre ici la date du contrat, étant eſſentiel de ne pas donner la date de la quittance de finance pour celle du contrat originaire, qui eſt la ſeule dont on ait beſoin pour rédiger les quittances dans la forme preſcrite).... de tous reçus donner toutes quittances & décharges valables, ſubſtituer en tout ou partie des préſentes, qui bon ſemblera audit ſieur procureur conſtitué, & généralement promettant, obligeant, renonçant. Fait & paſſé, &c.

Nota. Les procurations fournies pour faire le

recouvrement des rentes royales, doivent être renouvellées tous les dix ans, nonobstant les clauses à ce contraires qu'on pourroit y insérer.

Comme il arrive souvent que les propriétaires des rentes, n'en ont pas les titres sous les yeux, lorsqu'ils consentent les procurations, & que par cette raison ils seroient souvent dans l'impossibilité de fournir des procurations conformes au modele précédent, où l'on exige les dates des actes, les noms des Notaires qui les ont passés, &c. on a cru devoir leur donner aussi un modele de procuration qui sera suffisante dans tous les cas, même pour faire rendre compte aux héritiers d'un ancien procureur constitué, ou au procureur lui-même, lorsque les Rentiers n'auront pas lieu d'être satisfaits de sa gestion : mais lorsqu'on en fera usage, il sera nécessaire de fournir au procureur constitué des instructions particulieres, afin qu'il puisse se procurer les titres, pour y puiser les sommes, les dates, & autres particularités sans lesquelles il lui seroit impossible, non-seulement de faire les quittances, mais même de connoître le nom du Payeur. Enfin, pour rédiger les quittances des tontines de la maniere qu'on l'exige, il est indispensablement nécessaire de savoir la date du contrat, le nom du Notaire qui l'a passé, quelle est la somme dûe, la classe, la division, & la tontine dans laquelle on est employé.

NUMÉRO IV.

Autre Procuration, portant pouvoir de recevoir les arrérages des Rentes, & de faire rendre compte.

PARDEVANT, &c. furent préſens (comme au modele précédent.)

Leſquels, en révoquant toute procuration par eux précédement donnée, ont fait & conſtitué leur procureur général & ſpécial M......

Auquel ils donnent pouvoir de, pour eux & en leurs noms, recevoir de Meſſieurs les Payeurs des Rentes de l'Hôtel-de-Ville de Paris, ou de tous autres Tréſoriers qu'il appartiendra, à la décharge de Sa Majeſté ou autres, les arrérages échus & à écheoir, de toutes les parties de rentes perpétuelles, viageres, & tontines, qui leur appartiennent, ou qui leur appartiendront, à quel titre que ce ſoit, ou puiſſe ètre, aſſignées ſur les revenus du Roi, ou autres, de tous reçus donner toutes quittances & décharges valables, ſubſtituer procureur en tout ou partie des préſentes, les révoquer, en ſubſtituer d'autres... (S'il s'agit de faire rendre compte à un ancien procureur ou à ſes héririers, on ajoutera ici les clauſes ſuivantes; ſinon on finira par ces mots, Promettant, obligeant, renonçant. Fait & paſſé, &c.).... Comme auſſi leſdits ſieurs conſtituans ont pareillement donné pouvoir audit ſieur procureur conſtitué, de compter avec tous leurs débiteurs, & notamment avec le ſieur...... (mettre ici le nom de l'ancien procureur conſtitué).... ſes repréſentans, héritiers, ou ayant cauſe, débattre, clore & arrêter leſdits comptes, fixer les reliquats, & les recevoir; à défaut de payement, faire contre tous débiteurs & refuſans, toutes pourſuites & diligences néceſſaires, obtenir tous Jugemens, les faire mettre à exécution, plaider, oppoſer, appeller, donner tous conſentemens, faire toutes oppoſitions, ſaiſies & arrêts, vente de meubles & autres effets, en recevoir le prix, donner main-levée, ſaiſir-réellement tous biens immeubles réels & fictifs, paſſer & ſigner tous actes & contrats, retirer tous titres, pieces & papiers, donner toutes quittances & décharges valables, promettant, obligeant, renonçant. Fait & paſſé, &c.

NUMÉRO V.

Autre Procuration pour recevoir, donnée par un Tuteur.

PARDEVANT, &c. fut préſent.... (noms ſurnoms, qualités & demeure du tuteur.)

Lequel, au nom & comme tuteur de..... (nommer ici tous les mineurs)....

A fait & conſtitué.... (le ſurplus, comme aux modeles numéros III ou IV.)

NUMÉRO VI.

Certificat d'uſage, pour conſtater que la tutelle eſt naturelle.

NOUS.... *tel*..... Conſeiller du Roi.... (& autres qualités)....

Ou Nous, *tel* & *tel*, Avocats au Parlement de (1)....

Certifions à tous qu'il appartiendra, que d'après les diſpoſitions du Droit écrit, qui régit un *tel* endroit où eſt décédé un *tel*, & où il avoit ſon domicile, les pere & mere ſont de plein droit tuteurs & adminiſtrateurs des corps & biens de leurs enfans, ſans que pour raiſon de ce, il ſoit beſoin d'aucun acte de Juſtice. En foi de quoi, Nous avons délivré le préſent certificat, pour ſervir & valoir ce que de raiſon. Fait à... ce....

(1) En ce cas, ces certificats doivent être légaliſés par le plus prochain Juge Royal, ou à ſon défaut par le Juge Seigneurial, en par lui obſervant & faiſant mention de l'éloignement requis.

NUMÉRO VII.

Autre Certificat d'usage, pour prouver qu'on n'est pas tenu de rapporter acte de délivrance.

NOUS... (comme au modele précédent)...
Certifions à qui il appartiendra, que d'après les dispositions du Droit écrit, qui régit un *tel* endroit où est décédé un *tel*, & où il a fait son testament, le légataire général & universel entre en possession & est saisi de plein droit du legs qui lui a été fait, dès l'instant du décès du testateur, sans qu'il soit besoin d'aucun acte de délivrance; en foi de quoi Nous avons délivré le présent certificat, pour servir & valoir ce que de raison. Fait à.... ce....

NUMÉRO VIII.

Acte pour suppléer à l'omission, commise dans un Partage, de l'époque de jouissance.

PARDEVANT, &c. furent présens..... (mettre ici les noms, surnoms, qualités & demeures de tous ceux qui ont paru dans le partage, ou de leurs héritiers, ou représentans, dont on aura soin d'établir les qualités)....
Lesquels ont unanimement déclaré & reconnu que, quoique par le partage fait entr'eux, des

biens de la fucceffion d'un *tel*, paffé devant un *tel*, Notaire en *tel* endroit, le *tel* jour, contrôlé à.... le..... (ou fous fignature privée)..... on ait omis d'y inférer d'une maniere pofitive, le tems où chaque copartageant devoit entrer en jouiffance de fon lot, la vérité eft que chacun defdits copartageans en a joui ou dû jouir, fuivant l'intention de toutes les parties, à compter d'un *tel* jour 17.... de laquelle déclaration lefdits fieurs comparans ont requis acte, que nous leur avons octroyé pour leur fervir & valoir ce qu'il appartiendra. Fait & paffé, &c.

NUMÉRO IX.

Acte de Notoriété, pour conftater l'abfence d'un Copropriétaire.

PARDEVANT, &c... (quatre perfonnes, noms, furnoms, qualités & demeures)...

Lefquels ont unanimement certifié & attefté pour vérité, qu'il eft de notoriété publique, & qu'ils ont parfaite connoiffance que.... (mettre ici les vrais noms, tant de baptême que de famille de l'abfent).... fils d'un *tel* & d'une *telle*, (ou de feu, &c.) .. s'eft abfenté & a totalement difparu depuis plufieurs années, fans qu'il ait été poffible de s'en procurer directement ni indirectement, aucune nouvelle; ce qui fait qu'on ignore non-ſeulement le lieu de ſa retraite, mais même s'il eſt mort ou vivant : deſquelles certifications & atteſtations il nous a été requis acte par.... (mettre ici les noms, ſurnoms, qualités & demeures de tous les intéreſſés & copropriétaires qui auront requis l'acte).... auxquels nous l'avons octroyé pour leur ſervir & valoir ce qu'il appartiendra. Fait & paſſé, &c.

NUMÉRO X.

Procuration portant pouvoir d'accepter le rembourſement des Rentes, laquelle doit être fournie en original.

PARDEVANT, &c. furent préſens..... (noms, ſurnoms, qualités & demeures de tous les propriétaires, les femmes autoriſées de leurs maris.)

Leſquels ont fait & conſtitué pour leur procureur général & ſpécial, M....

Auquel ils donnent pouvoir de, pour eux & en leurs noms, recevoir de.... (laiſſer ceci en blanc ſi on ignore le nom du Tréſorier qui doit faire le rembourſement).... ou de tous autres qu'il appartiendra, à la décharge de Sa Majeſté ou autres, le rembourſement de généralement toutes les rentes annuelles & perpétuelles appartenantes auxdits conſtituans, aſſignées ſur tous les revenus du Roi, telles qu'elles ſont ou ſeront employées dans les Etats de Finance, & ce, en exécution de.... (laiſſer ceci en blanc, ſi on ignore la date des Edits, Déclarations ou Arrêts, en vertu deſquels le rembourſement s'opérera).. & autres qui pourroient intervenir; recevoir auſſi tous les arrérages deſdites rentes qui pourront être dûes au jour du rembourſement d'icelles, de tous reçus donner toutes quittances & décharges valables, conſentir l'extinction deſdites rentes, & mention d'icelle ſur les contrats, remettre les titres, ſubſtituer en tout ou partie des préſentes, & généralement promettant, obligeant, renonçant. Fait & paſſé, &c.

NUMÉRO XI.

Autre Procuration, portant pouvoir de vendre les capitaux des Rentes ſur le Roi, par la voie du tranſport, ou par celle de la reconſtitution; laquelle doit auſſi être fournie en Brevet.

PARDEVANT, &c. furent préſens.... (noms, ſurnoms, qualités & demeures de tous les propriétaires, les femmes toujours autoriſées de leurs maris.)....

Leſquels ont fait & conſtitué pour leur procureur général & ſpécial, M....

Auquel ils donnent pouvoir de, pour eux &

en leurs noms, vendre, céder & tranſporter, à telles perſonnes, & aux prix, clauſes & conditions que ledit ſieur procureur conſtitué jugera à propos.... (mettre ici la rente telle qu'elle eſt ſtipulée dans le contrat originaire)..... de rente perpétuelle au principal de.... (mettre ici le principal, tel qu'il ſe trouvera auſſi dans le contrat primitif).... conſtituée par Sa Majeſté au nom de.... (mettre ici les noms & ſurnoms de la perſonne en faveur de qui la rente fut originairement créée).... par contrat paſſé devant M^e..... Notaire à Paris, le..... (S'il s'agit de pluſieurs parties, on en donnera le détail; à l'égard des blancs qu'on pourroit ne pas être en état de remplir, on les laiſſera ſubſiſter)...... ou recevoir le rembourſement deſdites rentes, par la voie de la reconſtruction ou autrement, de tous reçus donner toutes quittances & décharges valables, remettre tous titres, pieces & papiers, conſentir toutes mentions & ſubrogations, convenir de la jouiſſance au profit des acquéreurs, céder même, par acte particulier, tous les arrérages qui pourroient être dûs au jour de la vente, tranſport, ceſſion ou reconſtitution, les réſerver aux vendeurs, paſſer & ſigner tous actes requis & néceſſaires, recevoir les arrérages échus & à écheoir, en tout ou partie, deſdites rentes, tant & ſi long-tems que les capitaux appartiendront aux conſtituans, comme aussi ceux qui pourront être dûs au jour de la vente, s'ils sont réservés aux constituans, en donner quittance bonne & valable, substituer en tout ou partie des présentes, & généralement faire tout ce que ledit sieur Procureur constitué jugera convenable pour les intérêts des constituans, qui promettent le tout tenir & avoir pour agréable, obligeant, renonçant. Fait & passé, &c.

NUMÉRO XII.

Acte de Notoriété, pour rectifier les erreurs dans les noms de Baptême.

Pardevant, &c. furent présens....... (deux personnes, noms, surnoms, qualités & demeures)....

Lesquels ont unanimement certifié & attesté pour vérité, avoir parfaite connoissance que... (mettre ici les noms, surnoms, qualités & demeure de la personne dont il s'agit, lesquels noms doivent nécessairement être les mêmes que ceux qui lui ont été donnés par son extrait baptistaire, du moins quant à ceux de baptême, car pour ceux de famille, il arrive souvent qu'ils y sont mal ortographiés).... s'est toujours nommé.... (répéter ici ses véritables noms, tant de baptême que de famille).... & que telle part qu'il ait été nommé autrement, ce n'a été que par erreur : desquelles certifications & attestations il nous a été requis acte par.... (mettre ici les noms, surnoms, qualités & demeure de la personne qui aura requis l'acte, étant inutile qu'il soit requis par tous les intéressés)..... auquel nous l'avons octroyé pour lui servir & valoir ce qu'il appartiendra. Fait & passé, &c.

NUMÉRO XIII.

Autre Acte de Notoriété, pour rectifier les erreurs dans les noms de famille.

PARDEVANT, &c. (comme au modele précédent, en y ajoutant seulement la cause suivante)....

Certifiant nommément lesdits sieurs comparans, que, quoique le nom de famille dudit sieur.... (répéter ici les vrais noms de baptême & de famille de la personne dont il s'agit).... ait été ortographié de *telle* maniere dans son extrait baptistaire, (ou dans *tel* autre acte,) la vérité est cependant qu'il devoit l'être ainsi... (mettre ici le vrai nom de famille).... suivant l'usage constant dudit sieur *tel* & de tous ses ancêtres: desquelles certifications....... (le reste comme au modele précédent.)

NUMÉRO XIV.

Procuration portant pouvoir de recevoir le prorata d'une Rente perpétuelle, ou viagere, appartenante pour moitié à un mari ſurvivant, à cauſe de la communauté qui étoit entre lui & ſa femme... (Si la Rente provient du chef du mari, & que ſa femme lui ait ſurvécu, ce ſera à elle à fournir pareille procuration.)

PARDEVANT, &c. fut préſent ſieur... (noms, ſurnoms, qualités & demeure, veuf de dame... *telle*...)

Lequel au nom & comme ayant droit pour moitié dans les arrérages des rentes, provenans du chef de ſadite femme, échus au jour de ſon décès, à cauſe de la communauté de biens qui étoit entre lui & ladite défunte, a fait & conſtitué pour ſon procureur général & ſpécial, M....

Auquel il donne pouvoir de, pour lui & en ſon nom, recevoir conjointement avec les héritiers de ladite dame ſon épouſe, la part & portion à lui appartenante dans les arrérages de toutes les rentes tant viageres que perpétuelles, provenantes du chef de ſadite femme, échus & non payés au jour de ſon décès, de tous reçus donner.... (le ſurplus comme au N°. III.)

NUMÉRO XV.

Certificat d'uſage, pour conſtater que d'après les diſpoſitions de la Coutume, il n'y a point de communauté entre mari & femme.

NOUS... (comme au modele N°. VI)...

Certifions & atteſtons, que d'après les diſpoſitions de la Coutume de.... qui régit un *tel* lieu où a été marié un *tel*... & une *telle*.... il n'y a point de communauté de biens entre mari & femme, à moins qu'elle n'ait expreſſément été ſtipulée par contrat de mariage. En foi de quoi, Nous avons délivré le préſent certificat, pour ſervir & valoir ce que de raiſon. Fait à... ce....

NUMÉRO XVI.

Certificat de vie, délivré par le Juge Royal.

NOUS... (Conſeiller du Roi & autres qualités)....

Certifions à tous qu'il appartiendra, que... (noms, ſurnoms, qualités, ou profeſſion, & domicile du Rentier, ou du Penſionnaire, avec le nom de la paroiſſe où ils demeurent).... né le.... (en toutes lettres).... eſt actuellement vivant, pour s'être ce jourd'hui préſenté devant nous; en foi de quoi, Nous lui avons délivré le présent certificat, qu'il a signé avec nous, de ses noms de baptême & de famille. Fait à... ce...

NUMÉRO XVII.

Autre Certificat de vie, délivré par le Juge Seigneurial.

NOUS.... (noms, surnoms & qualités du Juge.).....

Certifions à tous qu'il appartiendra, que... (noms, surnoms, qualités, ou profession, & domicile du Rentier, ou du Pensionnaire, avec le nom de la paroisse où ils demeurent).... né le... (en toutes lettres)... est actuellement vivant, pour s'être présenté ce jourd'hui devant Nous. Certifions en outre, que le domicile dudit sieur.... (nommer).... ci-dessus qualifié, est distant de... (mettre ici le nombre des lieues qui ne peut être moindre de trois)... de la résidence du plus prochain Juge Royal; en foi de quoi Nous lui avons délivré le présent, qu'il a signé avec Nous. Fait à..... ce....

NUMÉRO XVIII.

Autre Certificat de vie pardevant Notaires.

PARDEVANT, &c. sont comparus.... (deux personnes, noms, surnoms, qualités &

demeures)...... Lesquels ont certifié & attesté parfaitement connoître.... (mettre ici les noms, surnoms, qualités, ou profession, & domicile du Rentier, ou du Pensionnaire, avec le nom de la paroisse où ils demeurent).... né le.... (en toutes lettres).... qu'il est vivant, pour être ici présent, lequel a requis à l'instant acte de son existence, que Nous lui avons octroyé, comme aussi Nous, Notaires susdits, certifions avec tous lesdits comparans, que le lieu du domicile dudit sieur (nommer encore le Rentier, ou Pensionnaire, mais par son nom de famille seulement)... est distant de *tant* de lieues du plus prochain Siége Royal; dont acte. Fait & passé ès Etude ou en la demeure dudit sieur... (nom du Rentier, ou du Pensionnaire)... qui a signé avec lesdits *tel* & *tel* (témoins), & nous Notaires susdits, l'an mil sept cent...le...

NUMÉRO XIX.

Autre Certificat de vie, délivré par les Ambassadeurs, Envoyés, Résidens, Consuls, ou autres Personnes chargées des Affaires de France dans les Pays étrangers.

NOUS... (noms, surnoms, Ambassadeur, Envoyé, &c.)... demeurant à.... chargé des Affaires du Roi de France dans *telle* Cour.

Certifions à tous qu'il appartiendra, que...

(noms, ſurnoms, qualités, ou profeſſion, & domicile du Rentier, ou du Penſionnaire, toujours avec le nom de la paroiſſe où ils demeurent)...né le.. (en toutes lettres).... eſt actuellement vivant, pour s'être ce jourd'hui préſenté devant Nous; en foi de quoi, Nous lui avons délivré le préſent qu'il a ſigné avec nous. A.... le....

Nota. Les certificats de vie délivrés par les Juges des lieux ou autres perſonnes publiques, en pays étranger, ſeront conçus dans les mêmes termes, que celui ſous le N°. XVIII, auquel il n'y aura rien à changer, ſi ce n'eſt les qualités des Notaires, auxquelles le Juge ſubſtituera les ſiennes.

NUMÉRO XX.

Procuration pour toucher le prorata, ou décompte des Rentes viageres.

PARDEVANT, &c. (noms, ſurnoms, qualités & demeures de tous les intéreſſés, les femmes autoriſées de leurs maris.)....

Leſquels ont fait & conſtitué pour leur procureur général & ſpécial, M....

Auquel ils donnent pouvoir de, pour eux & en leurs noms, recevoir de Meſſieurs les Payeurs des Rentes de l'Hôtel de Ville de Paris, ou de tous autres Tréſoriers Royaux qu'il appartiendra, à la décharge de Sa Majeſté ou autres, tous les arrérages des Rentes viageres qui ont appartenu à feu.... (mettre ici les noms, ſurnom, qualités & demeure du Rentier décédé).... & qui ſe trouveront être dûs à ſa ſucceſſion juſqu'au jour de ſon décès, tels qu'ils ſont ou ſeront employés dans les Etats du Roi, de tous reçus donner toutes quittances & décharges valables, remettre les titres, ſubſtituer, & généralement faire, promettant, obligeant, renonçant. Fait & paſſé, &c.

NUMÉRO XXI.

Certificat d'uſage pour conſtater que d'après les diſpoſitions de la Coutume, il y a communauté de biens entre mari & femme, à moins que le contraire n'ait expreſſément été ſtipulé par contrat de mariage.

Nous.... (comme au modele N° VI.)

Certifions & atteſtons à tous qu'il appartiendra, que d'après les diſpoſitions de *telle* Coutume qui régit un *tel* lieu où ont été mariés *tel* & *telle*... (noms, ſurnoms, qualités de la perſonne de qui la rente provient, & du ſurvivant des époux)... il y a toujours communauté de biens entre mari & femme, à moins que le contraire n'ait expreſſément été ſtipulé par contrat de mariage; en foi de quoi, Nous avons délivré le préſent certificat pour servir & valoir ce que de raison. Fait à.... ce....

NUMÉRO XXII.

Acte de Notoriété, pour constater qu'il n'y a point eu de contrat de mariage entre conjoints.

PARDEVANT, &c. furent présens.... (deux freres, oncles, ou autres parens de la personne décédée, leurs noms, surnoms, qualités & demeures).....

Lesquels ont unanimement certifié & attesté pour vérité, avoir parfaite connoissance que *tel* & *telle* sa femme, se sont mariés sans avoir fait de contrat de mariage, ce que ledit *tel* veuf, ou ladite *telle* veuve, ici présent, a pareillement certifié véritable: desquelles certifications & attestations il Nous a été requis acte par ledit *tel*, ou *telle*, à qui Nous l'avons octroyé, pour lui servir & valoir ce qu'il appartiendra. Fait & passé, &c.

NUMÉRO XXIII.

Acte de Notoriété qu'il faut fournir pour recevoir le décompte des Pensions, lorsqu'il n'a pas été fait d'inventaire.

PARDEVANT, &c. (deux personnes, noms, surnoms, qualités & demeures)...

Lesquels ont unanimement certifié & attesté pour vérité, avoir parfaite connoissance, qu'après le décès de... (mettre ici les noms, surnom, qualités, & demeure du Pensionnaire), il ne fut point fait d'inventaire, qu'il a laissé une *telle* pour veuve (ou qu'il n'en a point laissé, sa femme étant décédée avant lui, ou n'ayant point été marié) & que ses seuls & uniques héritiers sont (mettre ici les noms, surnoms, qualités, & demeure de tous les héritiers)..... ses *enfans, freres, sœurs, neveux*, &c. majeurs de vingt-cinq ans & plus (ou mineurs).... desquelles certifications & attestations ils nous a été requis acte par.... (nommer ici la personne qui a requis l'acte)..... à qui Nous l'avons octroyé pour servir & valoir ce qu'il appartiendra. Fait & passé, &c.

NUMÉRO XXIV.

Procuration portant pouvoir de recevoir le décompte des Pensions.

PARDEVANT, &c. (noms, surnoms, & demeures de tous les Intéressés, les femmes autorisées de leurs maris.)

Lesquels ont fait & constitué pour leur procureur général & spécial, M....

Auquel ils donnent pouvoir de, pour eux & en leurs noms, recevoir de Messieurs les Gardes du Trésor Royal, ou de tous autres qu'il appartiendra, à la décharge de Sa Majesté, ou autres, tous les arrérages de la pension que le Roi avoit accordée à feu.... (noms, surnoms, qualités & demeure du Pensionnaire)..... échus & non payés au jour de son décès, accepter le décompte d'icelle, de tous reçus donner toutes quittances & décharges valables, substituer, & généralement faire, promettant, obligeant, renonçant. Fait & passé, &c.

OBSERVATIONS

Sur la maniere adoptée pour le payement des Rentes, tant à l'Hôtel de Ville, qu'à la Caisse des Amortissemens.

Il n'y a gueres que les Rentiers résidens à Paris, qui sachent de quelle maniere s'operent les payemens qui se font à l'Hôtel-de-Vile; il s'en trouve même parmi eux qui n'en sont pas instruits, ou qui du moins se persuadent que dès l'instant qu'un Payeur a ouvert leur lettre, il ne s'agit que de se présenter pour recevoir ce qui leur est dû; nous avons donc cru devoir donner quelques instructions à ce sujet; en conséquence nous observerons; 1°. que ces payemens se font par ordre de lettres, ſuivant l'alphabeth, & les premiers noms de baptême des Rentiers.

2°. Que comme il y a trente parties aſſignées à un pareil nombre de Payeurs, il arrive ordinairement que pluſieurs d'entre eux ont ouvert la lettre A des ſix premiers mois d'une année quelconque, tandis que d'autres en ſont encore aux lettres L, M des ſix mois précédens.

3°. Que dans le payement des lettres, on obſerve encore un ſecond ordre; c'eſt l'ancienneté des conſtitutions, de maniere qu'un Payeur qui ouvre la lettre A, commence par payer les plus anciennes conſtitutions de cette même lettre, d'où il s'en ſuit néceſſairement, que deux Rentiers dont le premier nom de baptême commenceroit par la lettre A, & qui auroient chacun une rente perpétuelle de l'Edit de Juin 1720, dont les conſtitutions ſeroient l'une du 19 Août de ladite année, & l'autre du 26 Août 1727, ne pourroient point eſpérer d'être payés à la même ſéance, quoiqu'ils euſſent fourni leur quittance le même jour, & quand même ces deux conſtitutions dépendroient de la même partie.

4°. Que d'après ce que nous avons dit à l'article 2, il pourroit facilement arriver que la conſtitution du 27 Août 1727, fût payable avant celle du 19 Août 1720, par la raiſon que la premiere dépend de la deuxieme partie, que l'autre dépend de la neuvieme, & qu'enfin le Payeur de la deuxieme partie pourroit être beaucoup plus avancé dans ses payemens que celui de la neuvieme.

5°. Que chaque Payeur ne paye qu'une fois la semaine, & que comme il y a des lettres qui sont extrêmement surchargées, par le grand nombre de Saints qui commencent par ces mêmes lettres, il faut quelquefois cinq à six semaines, pour qu'on puisse payer couramment toutes les constitutions qui en dépendent.

6°. Enfin nous observerons encore, que quoique toutes les rentes sur les Aydes & Gabelles soient payables par sémestre de Janvier en Juillet (1), il faut nécessairement que chacun attende son tour pour être payé. On commence, nous le réitérons, par payer la lettre A; on passe ensuite à la lettre B, & on continue de même jusqu'à la fin de l'alphabeth, de telle sorte que les rentes payables sous la lettre V, sont en général payées six mois plus tard, que celles qui sont employées pour être payées sous la lettre A.

Au reste, nous ajouterons qu'il seroit infiniment à désirer, pour la commodité du Public, que chaque Payeur eût sa boëte à l'Hôtel-de-Ville, d'autant qu'à ce défaut, celui qui a six quittances à fournir dans la même semaine, à des

(1) Il est néanmoins loisible aux Intéressés de ne recevoir leurs Rentes qu'en un seul payement.

Payeurs qui ne payent pas le même jour, eſt obligé d'envoyer ſix jours de ſuite à l'Hôtel-de-Ville, ou au domicile des Payeurs, ce qui eſt encore plus embarraſſant, au lieu que ſi toutes les boëtes étoient réunies, on pourroit en un ſeul jour & au même moment, fournir des quittances aux trente parties, ce qui éviteroit néceſſairement une infinité de courſes, & beaucoup de tems perdu.

A l'égard de toutes les parties payables à la Caiſſe des Amortiſſemens, elles y ſont employées par ordre de numéros, à raiſon de *tant* par ſemaine, d'où il faut conclure que le premier N°. d'une partie quelconque, eſt toujours payé pluſieurs mois avant celui qui ſe trouve le plus reculé.

Modeles d'Actes, chap. IV.

DISTRIBUTIONS,

Qui n'ont pas encore paru d'une maniere satisfaisante.

RENTES VIAGERES,

Edit de Décembre 1768.

Sur une Tête.

DATES.	Part.	DATES.	Part.	DATES.	Part.	DATES.	Part.
27 Juin 1769.	2	5 Oct. 1769.	28	17 Juill. 1770.	2	2 Juill. 1771	27
30.........	27	12.........	12	20.........	27	19.........	27
4 Juillet...	28	26.........	29	27.........	28	26 Août....	27
6.........	12	6 Novemb.	1	9 Août....	28	5 Septemb..	28
7.........	29	25.........	18	17.........	12	24.........	28
11.........	1	12 Décemb..	4	4 Septemb..	12	24 Octobre.	1
13.........	18	29.........	4	13.........	29	12 Décemb..	27
14.........	4	12 Janv. 1770	2	27.........	1	23 Janv. 1772	
18.........	2	13 Février...	28	4 Octobre..	1	jusq. & comp.	
20.........	27	13 Mars....	12	18.........	2	le 5 Mai	27
27.........	28	3 Avril....	29	25.........	27	29 Mai jusq.	
28.........	2	27.........	29	27 Novemb.	28	& compris le	
1 Août....	29	4 Mai.....	1	7 Décemb..	28	10 Décemb..	28
4.........	1	18.........	1	11.........	12	8 Janv. 1773	
17.........	18	29.........	18	8 Janv. 1771	12	jusq. & com-	
14 Septemb.	4	19 Juin.....	4	5 Fév. jusq. &		pris le 6	
28.........	27	10 Juillet...	4	com. le 4 Juin	1	Avril.	24

MÊME EMPRUNT

Sur deux Têtes.

DATES.	Part.	DATES.	Part.	DATES.	Part.	DATES.	Part.
27 Juin 1769.	25	14 Juill. 1769	25	29 Déc. 1769.	2	13 Juill. 1770	
30.........	26	28.........	26	23 Janv. 1770	25	jusq. & comp	
4 Juillet...	25	17 Août....	2	20 Février...	25	le 14 Déc...	
6.........	25	14 Septemb..	2	5 Avril....	25	15 Janv. 1771	25
7.........	26	28.........	2	25 Mai	25	jusq & comp.	
11.........	25	26 Octobre..	25	12 Juin....	26	le 12 Sept...	26
13.........	26	25 Novemb.	26	3 Juillet...	26		

RENTES PERPÉTUELLES

à quatre pour cent.

Edit de Février 1770.

DATES.	*Part.*	DATES.	*Part.*	DATES.	*Part.*	DATES.	*Part.*
28 Juin 1770.	29	23 Avril 1771.	29	21 Oct. 1772		16 Oct. 1777.	25
3, 27 & 31		30.........	18	jusq. & comp.		23	6
Juillet......	17	14 Juin.....	18	le 2 Septem-		31.........	6
3 Août....	26	5 Juillet....	18	bre 1773....	24	14 Nov.....	6
17	24	18	4	16 Sept. jusq.		22.........	6
6 Septemb.	24	23	17	& comp. le 25		2 Décemb..	6
11	16	26 jusques &		Octob. 1774.	25	9	25
20........	4	comp. le 12		4 Janv. 1775		12.........	25
4 Octobre...	29	Septembre...	4	jusq. & comp.		23 Décembre	
11	16	24 Octobre..	18	le 17 Nov...	26	jusq. & com-	
18........	4	13 Décemb.		24	25	pris le 15 Mai	
25	29	jusq. & comp.		22 Décemb..	25	1778.......	7
5 Novemb.	18	le 17 Mars		19 Janv. 1776		2 Juin jusq.	
24 Décemb..	4	1772.......	4	jusq. & comp.		& comp. le	
31 Janv. 1771	29	14 Avril....	18	le 25 Septem-		24 Nov.....	4
21 Mars....	29	5 Juin jusq.		bre 1777....	1		
12 Avril....	18	& compris le		2 Octobre..	25		
18	4	23 Septemb..	1	8	25		

RENTES VIAGERES,

EMPRUNT D'HOLLANDE;

Arrêt du 12 Juin 1771, & Lettres-Patentes du 27 Octobre de la même année.

Sur une Tête.

NUMÉROS.	Part.	NUMÉROS.	Part.
1...à...1372.	5	6195..à.. 7265.	10
1373...à...2262.	6	7266..à.. 7923.	20
2263...à...3366.	13	7924..à.. 8517.	26
3367...à...4110.	15	8518..à.. 9478.	25
4111...à...4113.	5	9479..à..10085.	14
4114...à...4724.	21	10086..à..10809.	6
4725...à...5445.	12	Le surplus........	26
5446...à...6194.	9		

Même Emprunt, sur deux Têtes.

NUMÉROS.	Part.	NUMÉROS.	Part.
1...à...1240.	3	2911...à...3371.	9
1241...à...1850.	13	3372...à...4576.	11
1851...à...2227.	15	4577...à...4887.	26
2228...à...2556.	21	Le surplus........	14
2557...à...2910.	12		

RENTES PERPÉTUELLES,

Dues par les anciens Corps & Communautés d'Officiers supprimés, sur les Ports, Quais, Halles, &c. de la Ville de Paris, qui doivent être payées à l'Hôtel-de-Ville, en conformité de l'Arrêt du Conseil du 19 Septembre 1776.

NOMS DES COMMUNAUTÉS.	*Parties.*
Planchéeurs	5
Inspecteurs sur les Vins	21
Gardes de Nuit	13
La Volaille	4
Aulneurs de Toile	15
Inspecteurs sur les Veaux	15
Vendeurs de Foin	26
Mesureurs de Grains	26
Porteurs de Grains	26
Marée	24
Mesureurs de Charbon	24
Porteurs de Charbon	24
Rentes à quatre pour cent, pour lesdits Offices supprimés	8

Les Rentes que les Officiers desdites Communautés ont constituées pour fournir la finance des augmentations de gages qu'elles ont acquis en exécution de l'Edit d'Août 1758, seront payés, à compter du premier Juillet 1776, par le Trésorier de la Caisse des Amortissemens, place Vendôme. Voyez au surplus l'Arrêt du Conseil du 12 Août 1777.

RENTES

VIAGERES ET PERPÉTUELLES

De la Loterie Royale, créée par Edit de Janvier 1777.

PERPÉTUELLES.

DATES.	Part.	DATES.	Part.	DATES.	Part.	DATES.	Part.
12 Déc. 1777	12	9 Janv. 1778	16	Le Reste de			
20.........	12	3 Février...	16	l'Edit......	21		
VIAGERES.							
12 Déc. 1777	9	30 Déc. 1777.	10	20 Janv. 1778	10		
20.........	9	2 Janv. 1778	10	Reste de l'Edit	11		

Nota. Les rentes perpétuelles & viageres créées par l'Edit d'Août 1777, sont assignées sur le Domaine de la Ville.

NOMS DES PAYEURS

DES RENTES SUR L'HÔTEL-DE-VILLE,

Par ordres de Parties, & jours de leurs payemens.

Messieurs,	*Parties.*	Jours des payemens.
Lempereur.............	1....	Vendredi.
Boscheron.............	2....	Vendredi.
Gossey...............	3....	Samedi.
Des Chapelles..........	4....	Jeudi.
Cauchy...............	5....	Mardi.
Caron................	6....	Samedi.
De Courmont...........	7....	Jeudi.
Despeigne.............	8....	Samedi.
De la Rue.............	9....	Samedi.
Penchin..............	10....	Vendredi.
Boutray..............	11....	Mercredi.
Alissant..............	12....	Jeudi.
Marsollier.............	13....	Mardi.
Nau..................	14....	Jeudi.
De Fays..............	15....	Mardi.
Le Noir..............	16....	Samedi.
Cochin...............	17....	Mercredi.
Radix................	18....	Mercredi.
Thevenin.............	19....	Lundi.
De Saint Janvier........	20....	Jeudi.
Putu.................	21....	Vendredi.

Rouillard................	22....	Vendredi.
Maſſon.................	23....	Lundi.
Déſplaſſes..............	24....	Mardi.
Vieillard...............	25....	Mardi.
Qatreſoux..............	26....	Lundi.
France.................	27....	Mercredi.
Creuzé.................	28....	Lundi.
Certain................	29....	Lundi.
Gaultier...............	30....	Mercredi.

FIN.

SUPPLÉMENT

AUX INSTRUCTIONS

CONCERNANT LES PENSIONS.

PAR Déclaration du Roi, du 7 Janvier 1779, regiſtrée à la Chambre des Comptes le 6 Février ſuivant, il eſt ordonné:

ARTICLE PREMIER.

Que toutes les penſions, gratifications annuelles, retraites, appointemens conſervés, & autres graces annuelles poſſédées à titre purement gratuit, ſous quelque dénomination, & dans quelques départemens des Secrétaires d'Etat, Adminiſtrateurs & Ordonnateurs, qu'elles ayent été accordées, ſeront payées par le ſieur Savalete.

II.

Que ledit ſieur Savalete acquittera dans le cours de la préſente année 1779, aux échéances de mois accoutumées, l'année la plus ancienne de toutes les penſions ſur le Tréſor Royal, & autres Caiſſes ou Tréſoreries, qui ſe payoient par année, & qui ſont arréragées; & qu'il acquittera de même en 1779, aux mêmes échéances, l'année 1778 de celle desdites pensions qui ne sont pas arréragées.

III.

Que les arrérages de toutes lesdites pensions & graces qui échoiront à compter du premier Janvier de la présente année, seront acquittés par ledit sieur Savalete, savoir, par sémestre, à la révolution de chaque sémestre, pour toutes celles dont le payement s'est fait jusqu'à présent, soit d'avance, soit par mois, par quartier ou par sémestre; & qu'à l'égard de celles qui se payoient par année, aux échéances des différens mois de l'année, elles seront acquittés dans le cours de l'année 1780, & de même les années suivantes, conformément à l'ordre qui sera prescrit à cet égard.

IV.

Qu'il sera fait un décompte du montant net de tout ce qui se trouvera arriéré desdites pensions, gratifications annuelles, retraites ou autres graces viageres, jusques & compris le 31 Décembre 1778, au-delà de ce qui en aura été payable en 1779, conformément à l'article II ci-dessus; & que le montant de ce décompte sera énoncé dans les brevets ci-après ordonnés, pour être payé par ledit sieur Savalete, des fonds qui y seront destinés extraordinairement, aussi-tôt que les circonstances le permettront; & qu'à défaut, ledit décompte ancien sera payé par ledit sieur

Savalete, au décès des Penſionnaires, de la même maniere qu'il ſe pratique actuellement.

V.

Que toutes les penſions & autres graces annuelles, ne ſeront ſuſceptibles d'autres retenues que celles auxquelles elles étoient ci-devant aſſujetties.

VI.

Que les Penſionnaires ſeront tenus de remettre inceſſamment entre les mains des Secrétaires d'Etat des différens départemens, les brevets ou autres titres en vertu deſquels ils jouiſſent de leurs penſions, appointemens conſervés, gratifications annuelles, ou retraites, & des déclarations, d'eux certifiées, qui contiendront un détail de ces différentes graces, s'ils en réuniſſent plusieurs.

VII.

Que ſur le rapport qui ſera fait à Sa Majeſté des pieces & titres énoncés en l'article précédent, elle accordera à chacun deſdits Penſionnaires, la confirmation des graces qu'ils auront ci-devant obtenues, & qu'elle leur en fera expédier de nouveaux brevets, dans leſquels les anciens, qui ſeront retirés, ſeront énoncés, & que ces nouveaux brevets contiendront les noms, qualités & autres déſignations uſitées pour conſtater l'identité des perſonnes & éviter les abus; & qu'enfin ces brevets contiendront auſſi les motifs pour lesquels lesdites graces viageres auront été accordées, les retenues auxquelles elles étoient assujetties, & le net à payer par sémestre ou par année.

VIII.

Qu'il sera de même expédié par les Secrétaires d'Etat, des brevets pour toutes les pensions que Sa Majesté accordera par la suite, & que lorsqu'elles seront en augmentation de premieres pensions, les Pensionnaires seront tenus de rapporter leur premier brevet, qui sera annullé, pour leur en être expédié un nouveau, dans lequel l'augmentation de pension sera ajoutée, & le premier brevet énoncé.

IX.

Que les différentes graces viageres, dont un même Pensionnaire se trouvera jouir, soit dans un seul, soit dans plusieurs départemens, seront réunies dans un seul brevet, qui sera expédié par celui des Secrétaires d'Etat, dans le département duquel la plus forte grace se trouvera avoir été accordée, &c.

X.

(Cet article ne concerne que les Secrétaires d'Etat.)

XI.

Que les pensions qui ne seront point réclamées pendant trois années consécutives, seront censées éteintes; sauf néanmoins à les rétablir lorsque les Penſionnaires ſe préſenteront, juſtifieront de leur exiſtence, & rapporteront certificat du Secrétaire d'Etat, dans le département duquel leur brevet aura été expédié, pour conſtater qu'ils n'en auront point encouru la perte, conformément aux Ordonnances.

X I I.

Que les appointemens, traitemens, gratifications annuelles, & autres graces dont jouiſſent quelques-uns de nos Officiers & ſujets, en attendant qu'ils ayent obtenu d'autres graces, places ou emplois, ſeront éteintes lorſqu'ils auront obtenu leſdites graces ou emplois, &c.

X I I I.

Que leſdites penſions & graces viageres ne ſeront point ſaiſiſſables ni ceſſibles, ſauf aux créanciers des Penſionnaires à exercer après leur décès, ſur les décomptes de leurs penſions, toutes les pourſuites & diligences néceſſaires pour la conſervation de leurs droits, ſans préjudice néanmoins des ordres particuliers, qui pourroient être donnés par les Secrétaires d'Etat, pour arrêter le payement de quelques-unes deſdites graces, ainſi qu'il en a été uſé par le paſſé.

X I V.

Que les décomptes des penſions & autres graces des départemens de la Guerre ou de la Marine, qui ſeront dûs à la mort des Penſionnaires, ne pourront être payés aux veuves, enfans, héritiers ou créanciers desdits Pensionnaires, qu'en rapportant par eux un certificat des Secrétaires d'État desdits départemens, qui constatera que lesdits Officiers décédés sont quittes envers le Corps dans lequel ils auront servi, & qu'il n'existe aucune répétition à faire sur eux par les départemens de la Guerre ou de la Marine; &c.

X V.

(Ne concerne que M. de Savalette.)

X V I.

Que ledit sieur Savalete sera tenu de se conformer, pour les payemens qu'il fera, d'après lesdits brevets, à tous les Edits, Déclarations, Lettres-Patentes, Arrêts & Réglemens rendus sur le fait des Rentes viageres, lesquels Sa Majesté déclare communs à toutes les pensions & autres graces viageres.

X V I I.

Que conformément aux exceptions portées par les Lettres-Patentes du 8 Novembre 1778, Sa Majesté n'entend pas comprendre dans les dispositions de la présente Déclaration, les soldes & demi-soldes, & récompenses militaires, accordées pour retraites aux Soldats & bas-Officiers invalides, ainsi que les pensions & gratifications annuelles, attachées invariablement à différentes charges; les supplémens d'appointemens fixés lors de la nouvelle compoſition des Troupes en 1776, aux Meſtres-de-camp de Cavalerie, de Huſſards, de Dragons, & à quelques Colonels-commandans, Colonels en ſecond des Régimens d'Infanterie, & autres Officiers en activité, pour les indemniſer de partie d'appointemens qu'ils ont perdus en paſſant d'un grade à un autre; leſquels ſupplémens d'appointemens s'éteindront lorſque leſdits Officiers paſſeront à des grades ſupérieurs, ou quitteront leur Corps; les retraites dont jouiſſent les Officiers étrangers ci-devant à notre ſervice, retirés dans leur patrie, & qui ſont payées par la voie de nos Ambaſſadeurs; & enfin les penſions ou retraites accordées, & qui le ſeront par la ſuite, aux Officiers reçus à l'Hôtel des Invalides, pourvu toutefois qu'elles n'excedent pas quatre cent livres par an: Voulant Sa Majeſté que les payemens de toutes leſdites graces continuent d'être faits par le Tréſorier de la Guerre comme par le paſſé, & que les penſions aſſignées ſur le Domaine de Verſailles, dont les fonds ont une deſtination particuliere, continuent auſſi d'être payés ſur ledit fonds.

XVIII.

Qu'il ne ſera plus accordé à l'avenir aux Officiers des Troupes, aucunes retraites ni penſions ſous la dénomination de traitemens, aux Officiers entretenus dans les Places, ni à la ſuite des

Corps, mais ſeulement des penſions ſur le Tréſor Royal ; entendant néanmoins Sa Majeſté que ceux deſdits Officiers qui ont obtenu juſqu'à préſent des traitemens à la ſuite deſdites places ſeulement, continuent d'en être payés comme par le paſſé.

XIX. ET DERNIER.

Que les Lettres-Patentes du 8 Novembre 1778 feront exécutées entout ce qui n'eſt pas contraire à la préſente Déclaration. SI donnons, &c.

Pour ſatisfaire aux diſpoſitions de cette Déclaration, ainſi qu'aux Lettres-Patentes du 8 Novembre dernier, Nous obſerverons que les Penſionnaires ſont tenus de rapporter,

1°. Les originaux des brevets, ou autres titres en vertu deſquels ils jouiſſent de leurs penſions ou autres graces viageres, en échange deſquels il leur en ſera expédié de nouveaux.

2°. Des déclarations, par eux certifiées véritables, contenant le détail des différentes graces qu'ils auront obtenues, leſquelles ſeront ſur papier ordinaire, & conçues dans la forme & les termes ſuivans :

Je ſouſſigné.... (*noms de baptême & de famille, ſurnoms & qualités du Penſionnaire, en obſervant que les noms de baptême doivent être les mêmes, ni plus ni moins, qu'on trouvera dans l'extrait baptiſtaire, étant eſſentiel pour cet effet de l'avoir ſous les yeux quand ou rédigera la préſente dé-*

Supplément au chap. III.

claration,) né le.... (*mettre ici les jour & an de la naissance en toutes lettres*) à.... (*mettre ici les nom de l'endroit où on est né*) Election de, ou Viguerie de, &c. (*mettre ici le nom de l'Election, ou Viguerie, &c. dans l'arrondissement de laquelle se trouvera l'endroit de la naissance*) Généralité de... (*mettre ici le nom de la Généralité*) baptisé le... (*mettre ici les jour & an du baptême*) dans la paroisse de..... (*mettre ici le nom de la paroisse où on aura été baptisé*)...... retiré avec rang de...... (*mettre ici le rang avec lequel on se sera retiré*) dans le Régiment de..... (*mettre ici le nom du Régiment*) & à présent.... (*mettre ici sa qualité actuelle, ou ces mots : Sans emploi*,) demeurant à.... (*mettre ici l'endroit où on demeure, avec les noms de la rue & de la paroisse*)... déclare avoir obtenu du Roi les graces pécuniaires ci-après détaillées :

SÇAVOIR,

(*Le* tel *jour & an, dans le département de la Guerre.*)

Une pension de deux cens livres, (*supposée telle*,) sur le Trésor Royal, de l'échéance de Février, dont il me reste dû deux années onze mois, révolus le premier Janvier 1779, & qui me fut accordée lorsque j'étois Sous-Lieutenant (*ou autre qualité*) au Régiment de.... (*mettre ici le nom du Régiment*) ſous le nom de.... (*mettre ici les noms ſous leſquels ladite penſion fut effectivement accordée.*) en conſidération des ſervices du feu ſieur un *tel*, mon pere, ci-devant Capitaine (*ou autre qualité*) dans un *tel* Régiment, ci.............200 l.

(*Le* tel *jour & an, dans le département des Affaires étrangeres.*)

Une penſion de trois cent livres auſſi ſur le Tréſor Royal, de l'échéance d'Avril, dont il me reſte dû deux années neuf mois, révolus le premier Janvier 1779, & qui me fut accordée lorſque j'étois Lieutenant au Régiment de.... ſous le nom de..... en conſidération des ſervices du feu ſieur un *tel*, mon oncle, chargé des Affaires du Roi à *tel* endroit, ci...........................300

(*Le* tel *jour & an, dans le département de la Maiſon du Roi.*)

Une gratification ordinaire de quatre cent livres, ſur le même fonds, de l'échéance de Juillet, dont il ne me reſte dû que ſix mois, échus le premier Jan-

500

Supplément au chap. III.

De l'autre part, ci.....500 l.

vier 1779, & qui me fut accordée lorsque j'étois Capitaine au Régiment de... sous les noms de.... en considération des services du feu sieur un *tel*, mon cousin, Ecuyer du Roi en la petite écurie, ci..............................400

(*Le* tel *jour & an, dans le département de la Marine.*)

Une pension de cinq cent livres, sur le fond des Colonies, dont je suis payé jusqu'au premier Janvier 1779, & qui me fut accordée lorsque j'étois Major, (*toujours ou autre qualité*,) du Régiment de.... sous le nom de.... en considération des services du feu sieur un *tel*, Lieutenant de Roi d'un *tel* endroit, ci....500

(*Le* tel *jour & an, sur le département de la Guerre.*)

Une gratification annuelle de huit cent livres, sur le fonds de l'extraordinaire des Guerres, dont j'étois payé à l'avance, & que j'ai, par conséquent, touchée pour l'année qui échoira le premier Juin 1779; laquelle me fut accor- 1400

Supplément au chap. III.

Ci-contre.......... 1400 l.

dée lorſque j'étois Lieutenant-Colonel du Régiment de.... ſous le nom de... pour faciliter mon mariage avec la demoiſelle.... (*nommer de ſes noms de baptême & de famille*)... née à *tel* endroit, le *tel* jour & an, & baptiſée dans la paroiſſe de... (*nommer la paroiſſe*) .. le *tel* jour dudit mois, ainſi qu'il conſte de ſon extrait baptiſtaire ci-joint..... (*il ſera légaliſé par le premier Juge Royal du lieu où il ſera délivré*).... aujourd'hui mon épouſe, à laquelle ladite gratification annuelle eſt réverſible à titre de douaire, ci........................ 800

(*Le* tel *jour & an, dans le département de la Guerre.*)

Une penſion de quatre cent livres ſur le fonds de l'ordinaire des Guerres, payée de ſix mois en ſix mois, dont il m'eſt dû ſix mois échus le premier Janvier 1779, & qui me fut accordée lorſque j'étois Lieutenant-Colonel du Régiment de.... ſous le nom de.... en conſidération des ſervices du feu ſieur un *tel*, mon oncle, ci-devant Maréchal des Logis, dans la Compagnie des

2200

Supplément au chap. III.

De l'autre part, ci....2200 l.

Gendarmes de la Garde ordinaire du Roi, ci.............................400

(*Le* tel *jour & an, dans le département de la Guerre.*)

Des appointemens de retraite, de quinze cent livres, payés de six en six mois, des fonds de l'extraordinaire des Guerres, dont il ne me reste dû que les six derniers mois 1778, & qui me furent accordés sous les noms de....... en considération de trente-une années de service dans *tel* Régiment, ci.........1500

Montant des graces annuelles dont jouit le soussigné.... (*tous ses noms de baptême, de famille, & de fief*)... ci....4100 l.

Ce que je certifie véritable. A *tel* endroit, le *tel* jour & an.... (*signer des noms de baptême, de famille, & de fief, comme à l'exemple suivant.*)

Jean-François BERAUD, Comte de la Motte.

Nota. Il n'a été fait mention dans ce modele de déclaration, que des graces pécuniaires accordées dans les départemens de la Maison du Roi, des Affaires étrangeres, de la Guerre & de la Marine, pour ne pas le rendre trop étendu; mais on obſervera que pour continuer à jouir de toutes celles que l'on tient de Sa Majeſté, dans quelqu'autre partie que ce ſoit, il eſt abſolument indiſpenſable d'en faire la déclaration, attendu qu'étant toutes portées au Tréſor Royal, à compter du premier Janvier 1779, on ne payera à l'avenir que celles qui ſeront inſérées dans les nouveaux brevets.

Les perſonnes qui n'ont obtenu que des aſſurances, ou ſurvivances de penſions, ainſi que des douaires, ou autres graces pécuniaires, dont elles n'ont que l'expectative, auront attention d'en donner auſſi leur déclaration, & d'envoyer avec leur extrait baptiſtaire en bonne forme, leurs lettres d'avis, ou brevets, afin qu'on puiſſe leur en expédier de nouveaux, qui leur aſſurent la jouiſſance des graces dont ils n'ont quant à préſent que l'expectative.

3°. Leurs extraits baptiſtaires légaliſés par le premier Juge Royal du lieu où ils ſeront délivrés, ou par Meſſieurs les Evêque, ou Grand-Vicaire du Dioceſe.

4°. Leurs certificats de vie, qu'ils fourniront à chaque échéance, ſur papier timbré dans la forme énoncée page 30, en obſervant qu'il ſera très-eſſentiel qu'ils contiennent déclaration exacte des noms de baptême & de famille, ſurnoms, qualités & demeures & jour & an de la naiſſance, de la même maniere que ces différentes indications feront portées dans leurs déclarations & brevets, afin qu'il y ait une parfaite conformité sans laquelle les certificats de vie feront rejettés, & les payemens déférés jusqu'à ce qu'on ait satisfait à la présente observation. Voyez au surplus ce que nous avons dit au chapitre des Rentes viageres, sur les diverses formes des certificats de vie que peuvent fournir les Rentiers, d'autant que tout ce que nous avons dit à leur occasion, doit être exécuté par les Pensionnaires, même par ceux qui demeurent en pays étranger, en observant néanmoins qu'en tems de guerre lesdits certificats de vie feront expédiés par les Prevôts, Commissaires des Guerres, ou autres faisant les fonctions de Juges dans les Armées où les Pensionnaires serviront.

5°. Enfin leurs procurations pardevant Notaires, *pour la premiere année seulement*, dans lesquelles ils auront le plus grand soin de faire énoncer leurs noms de baptême & de famille, surnoms & qualités, conformément à leurs nouveaux brevets, & de suivre d'ailleurs le modele ci-après :

Pardevant, &c. fut présent..... (*noms de baptême, de famille, & surnom, ainsi que la qualité du Pensionnaire, conformément à son nouveau brevet & à sa declaration, & de plus l'indication exacte de ſon domicile, en obſervant ſur-tout de ne point oublier le nom de la paroiſſe.*)

Lequel a fait & conſtitué pour ſon procureur général & ſpécial M..... (*noms du fondé de procuration qui ſera telle perſonne domiciliée à Paris que le Penſionnaire voudra choiſir*)..

Auquel il donne pouvoir de, pour lui & en ſon nom recevoir de M. de Savalete, Garde du Tréſor Royal, ou de tous autres qu'il appartiendra, les arrérages échus & à échoir des penſions, gratifications annuelles, appointemens conſervés, retraites, ſubſiſtances & autres graces qui ont été ou qui ſeront accordées par ſa Majeſté audit ſieur Conſtituant, de tous reçus donner quittances & décharges valables, ſubſtituer procureur, les révoquer, en ſubſtituer d'autres, promettant avoir pour agréable tout ce que ledit ſieur procureur conſtitué fera en conſéquence de la préſente qui vaudra nonobſtant ſurannation. Fait & paſſé, &c.

Ces procurations ſeront contrôlées & légaliſées, comme celles qu'on eſt dans l'uſage de fournir pour le recouvrement des Rentes. Elles ſeront auſſi dépoſées chez un Notaire de Paris, & lors du premier payement, il en ſera fourni dans les Bureaux de M. de Savalete, deux expéditions, dont une demeurera jointe à la quittance, & l'autre ſera viſée au Tréſor Royal pour

Supplément au chap. III.

être repréſentée enſuite à chaque payement, ainſi que le brevet.

Toutes les quittances des penſions & autres graces, ſeront données des ſommes nettes, & rappelleront les ſommes originaires; elles déſigneront auſſi les noms de baptême, de famille, & ſurnoms, la qualité, la demeure & le jour & an de la naiſſance du Penſionnaire, conformément à ſon brevet, & elles ſeront en outre paſſées ſur parchemin devant les Notaires à Paris, ainſi qu'il en eſt uſé pour les rentes viageres.

Le payement par année ou par ſémeſtre, ſera indiqué dans chaque brevet, en ſorte qu'il ſera fourni, ou une ſeule quittance par année, pour le montant des différentes graces compriſes dans un brevet, ou une quittance pour chaque ſémeſtre, lors même qu'on en recevra deux le même jour.

A l'égard des Penſionnaires qui réſident à Paris, & qui feront eux-mêmes le recouvrement de leurs penſions, ils fourniront au lieu & place des certificats de vie & de la procuration dont on vient de parler, leurs quittances pardevant les Notaires au Châtelet de Paris, dans leſquelles il ſera fait mention des jour & an de leur naiſſance, & où ils ſeront nommés, qualifiés, conformément à leurs brevets, & de plus domiciles & certifiés vivans, de la même maniere que s'il s'agiſſoit de recevoir une rente viagere.

Les minutes des procurations doivent être contrôlées, & les expéditions ou les minutes quand elles ſont délivrees en brevets, ſeront légaliſées par le premier Juge Royal du domicile du Penſionnaire, & ſi le contrôle & le papier timbré n'ont pas lieu, il en ſera fait mention dans les légaliſations. Voyez au ſurplus ce qui a été dit à ce ſujet, page 16.

Lorſque les Penſionnaires changeront de domicile ou de qualité, il en ſera auſſi fait mention expreſſe dans leurs certificats de vie, où il ſera dit, ci-devant demeurant à..... ci-devant de *telle* qualité.

Les héritiers des Penſionnaires ne ſeront plus tenus de ſolliciter des ordonnances pour le payement des décomptes, mais ils ſeront obligés de renvoyer le brevet de ſa penſion à l'Adminiſtrateur Général des Finances, & de joindre aux pieces juſtificatives que nous avons demandées page 31 & ſuivantes, un certificat des Secrétaires d'Etat des départemens de la Guerre, ou de la Marine, qui conſtatera que les Officiers décédés ſont quittes envers le Corps dans lequel ils auront ſervi, & qu'il n'exiſte aucune répétition à faire ſur eux, par leſdits départemens.

Enfin, nous obſerverons que l'intention de Sa Majeſté étant, que tous les Edits, Déclarations & autres Réglemens rendus ſur le fait des Renres viageres, ſoient communs à toutes les penſions, il s'en ſuit néceſſairement que tous les

Supplément au chap. III.

Penſionnaires ſont tenus de ſe conformer exactement aux diverſes formalités preſcrites pour le payement deſdites Rentes.

FIN.

APPROBATION.

J'Ai lu par ordre de Monſeigneur le Garde des Sceaux, un Manuſcrit qui a pour titre : *Supplément au Manuel des Rentes*, par M. DE MASSAC : je n'y ai rien trouvé qui puiſſe en empêcher l'impreſſion. A Paris, le 31 Décembre 1778. BÉZOUT.

Le Privilége eſt au Manuel des Rentes, du même Auteur.

De l'Imprimerie de PRAULT, Imprimeur du Roi, quai de Gêvres.

www.ingramcontent.com/pod-product-compliance
Ingram Content Group UK Ltd.
Pitfield, Milton Keynes, MK11 3LW, UK
UKHW020931180726
13838UKWH00002B/879